Spitzen*köche* & *Hauben*sportler

Österreichs beste Athleten kochen in Österreichs besten Küchen

2. Durchgang

Styria Multi Media Men GmbH & Co KG

LEO UND JAKOB

ZWEIER-BOB OLYMPIASIEGER 2030

Träume werden wahr - mit Ihrer Hilfe. Mit einer SMS an unterstützen auch Sie Österreichs Spitzensportler.

0660 663 0 663

Mit freundlicher Unterstützung von

CITROËN ELK Ströck ARA Altstoff Recycling Austria

powered by

sport hilfe

Senden Sie ganz einfach eine beliebige SMS an die angeführte Nummer und folgen Sie den Anweisungen. Ihr Förderbeitrag von maximal € 25,- kommt jungen, talentierten Sportlern mit und ohne Behinderung zugute. Die Sporthilfe fördert ohne staatliche Mittel. Vielen Dank! Infos unter: www.sporthilfe.at

Spitzen*köche* & *Hauben*sportler

Österreichs beste Athleten kochen in Österreichs besten Küchen

EIN KOCHBUCH DER ÖSTERREICHISCHEN sport hilfe

Inhalt

Die Paarungen

NEFF
KOCHEN AUS LEIDENSCHAFT SEIT 1877
ALLE KOCHEN MIT WASSER. ICH MIT WASSER-DAMPF.
DIE NEUEN NEFF BACKÖFEN MIT FULL STEAM.
Die perfekte Zutat für Christoph: FullSteam, Dampfgarer und vollwertiger Backofen in einem Gerät. Wie gemacht für eine fettarme und vitaminreiche Zubereitung von Fisch und Gemüse.
Mehr über die neuen Neff Backöfen: neff.at

Die Erfolge des heimischen Sports sind auch ein Verdienst der Sporthilfe

Der Sport hat in Österreich ganz allgemein eine große Bedeutung und nimmt auch weltweit einen wichtigen Platz in der Gesundheitsförderung ein. Spitzensportlerinnen und Spitzensportler haben darüber hinaus eine große Vorbildfunktion und wir können zu Recht stolz auf sie sein. Sie tragen zum guten Ruf Österreichs in der Welt bei und ihr Erfolg ist immer auch ein bisschen „unser" Erfolg.
Daher ist es eine wichtige gesellschaftspolitische Aufgabe, junge Menschen in ihren sportlichen Ambitionen entsprechend zu unterstützen.
Förderinstitutionen wie die Österreichische Sporthilfe erfüllen dabei eine unverzichtbare Aufgabe. Mit innovativen „Rezepten" gelingt es der Organisation immer wieder, dem heimischen Nachwuchs- und Spitzensport hilf- und erfolgreich zur Seite zu stehen.
Auch die vorliegende Publikation „Spitzen*köche & Hauben*sportler" ist so eine kreative Idee, sodass ich gerne der Einladung zu einer Grußbotschaft gefolgt bin.
Gesunde und bewusste Ernährung ist nicht nur für Spitzensportlerinnen und Spitzensportler ein Grundstein des Erfolges, sondern für uns alle. Deshalb freut es mich, dass die Österreichische Sporthilfe dieses Thema aufgegriffen hat.

Ich wünsche allen Leserinnen und Lesern eine vergnügliche Lektüre und der Österreichischen Sporthilfe viel Erfolg für das zukünftige Engagement!

DR. HEINZ FISCHER
Bundespräsident

Editorial

Spitzensportler kochen – für mehr Erfolg für Österreichs Sport

Wenn Österreichs Sportstars während der Saison unterwegs sind, werden sie von Betreuern, Ernährungsberatern und Teamköchen kulinarisch bestens versorgt. Doch was kochen Spitzenathletinnen und Spitzenathleten in ihren eigenen vier Wänden? Dieser Frage ging die Österreichische Sporthilfe auch heuer wieder auf den Grund und lud 21 aktuelle und ehemalige Größen des rotweißroten Sports ein, ihre Lieblingsrezepte in der „Edition 2014“ des Sporthilfe-Kochbuchs „Spitzen*köche & Hauben*sportler“ vorzustellen. In Zusammenarbeit mit 19 namhaften österreichischen Spitzenköchen trafen sich die Sporthelden zur gemeinsamen Kochstunde, stellten ihr Talent am Herd unter Beweis und kreierten schmackhafte und gesunde Rezepte zum Nachkochen.

ANTON SCHUTTI
Geschäftsführer
der Österreichischen Sporthilfe

Als gemeinnütziger Verein haben wir es uns zum Ziel gesetzt, Österreichs Spitzensportlerinnen und Spitzensportler bestmöglich zu fördern. Seit ihrem Bestehen 1971 konnte die Österreichische Sporthilfe so 2300 österreichische Athletinnen und Athleten aus allen von der Bundes-Sportorganisation anerkannten Sportarten finanziell unterstützen. Wir sind bemüht, die individuellen Förderungen und Förderprogramme auch in Zukunft auszubauen und die Mittelaufbringung für Österreichs Nachwuchs- und Spitzensport mit kreativen Ansätzen, wie jenem des Sporthilfe-Kochbuchs, zu forcieren.

Wir bedanken uns bei allen Partnern, den Profiköchen und den aktiven und ehemaligen Sportstars, die es uns durch ihre Mitarbeit und gemäß dem Motto „Sportler für Sportler“ ermöglicht haben, das Sporthilfe-Kochbuch „Spitzen*köche & Hauben*sportler – *Edition 2014*“ zu verwirklichen.

Wir wünschen allen Hobbyköchen beim Nachkochen gutes Gelingen und hoffen, dass sie in der Küche genauso viel Spaß haben werden wie unsere Athletinnen und Athleten.

Das Besondere ist so nah!

Visionen, Ziele und dann harte Arbeit, das ist für viele das Rezept zum Erfolg. Vielleicht noch gewürzt mit Talent und Begabung. Doch was oft nicht verwendet wird, sind die Prise Spaß und der Schuss Liebe, die dem Ganzen das Besondere und die perfekte Würze geben. In diesem Kochbuch finden Sie eine Menge an Rezepten, die sich großartig zum Nachkochen eignen, von denen Sie sich aber auch inspirieren lassen können.

Besuchen Sie zum Beispiel die von der BÖG – der Besten Österreichischen Gastlichkeit – ausgezeichneten Restaurants und Sie werden dort die Köstlichkeiten der Region und der Saison finden. Sie werden merken, da ist überall jenes Engagement dabei, das dem Ganzen die persönliche Note des Hauses und die Inspiration und Interpretation des Küchenchefs gibt.

Kochen ist Beziehungssache – die richtige Beziehung zu den Lebensmitteln, die Sie verwenden, und die richtige Beziehung zu den Menschen, für die Sie kochen.

Ich wünsche Ihnen viel Spaß, die Rezepte dieses Kochbuchs mit Liebe auszuprobieren – dann ist das Besondere für Sie ganz nah!

Toni Mörwald
Präsident der BÖG
www.boeg.at

Eine gute Figur auch in der Küche

Haube statt Helm, Schürze statt Sporttrikot – es verwundert nicht, dass viele Athletinnen und Athleten auch in der Küche eine gute Figur machen. Wer in seinem Beruf tagtäglich gefordert ist und Spitzenleistungen erbringen muss, permanent also Vollgas gibt, braucht Phasen der Entschleunigung. Spitzensportler greifen dabei nicht selten zum Kochlöffel. Und da Ehrgeiz eine Sportlern immanente Charaktereigenschaft ist, sind sie bestrebt, auch am Herd Spitzenergebnisse zu erzielen.

Ich habe mich von der Qualität der in diesem Buch zubereiteten Speisen überzeugt und bin von der Kochkunst unserer Spitzensportler beeindruckt und begeistert. Sie haben durchaus das Potenzial zum Haubenkoch und der Titel „Spitzen*köche &* *Hauben*sportler" kommt nicht von ungefähr.

Liebe Leserinnen und Leser, lassen Sie sich von den kreativen Rezepten inspirieren und gestalten Sie Ihr Dinner zum kulinarischen Event. Die Österreichischen Lotterien als Premiumpartner der Sporthilfe und wichtigster Förderer des österreichischen Sports wünschen Ihnen viel Spaß und gutes Gelingen beim Nachkochen.

GD Dr. Karl Stoss
Vorstandsvorsitzender
Österreichische Lotterien
www.lotterien.at

Österreichisches
Paralympisches
Committee

Rio2016™
PARALYMPIC GAMES

XV. SOMMER PARALYMPICS

7.– 18. September 2016

www.oepc.at

Vorworte

Mit der richtigen (Gewürz-)Mischung zum Erfolg

Vom 7. bis 18. September 2016 wartet in Rio die nächste große Herausforderung auf das ÖPC und seine AthletInnen und auch dort wird das ÖPC wieder ein perfektes Umfeld schaffen.
Um sportliche Höchstleistungen zu erbringen, müssen natürlich alle Voraussetzungen stimmen: der Wettkampfkalender ebenso wie das Training und die Ernährung. Der Speiseplan wird bis ins Detail abgestimmt, dennoch müssen die SportlerInnen auf nichts verzichten, denn es gibt viele tolle Gerichte, wie dieses Kochbuch zeigt.
Die fünf Österreich-Häuser – von den Paralympics „TURIN 2006" bis „SOTSCHI 2014" –, betrieben mit den Tourismusschulen Modul, haben den Gaumen der SportlerInnen und Gäste erfreut und ein Stück Heimat geboten. Das ÖPC wird alles daransetzen, dass die Gewürzmischung auch in RIO 2016 stimmt.
Viel Spaß beim Zubereiten und Genießen der Lieblingsspeisen unserer SpitzenathletInnen!

BM a. d. Maria Rauch-Kallat
Präsidentin des Österreichischen Paralympischen Committees
www.oepc.at

Auch Sportler sind Genießer

Genießen heißt, sich etwas Gutes tun, und das im richtigen Maß. Auch das Leben eines Sportlers braucht außer harten Trainingseinheiten und Wettbewerben im Leistungsgrenzbereich auch Phasen der Entspannung und des Loslassens. Ein gutes Essen im Kreis der Familie oder in einer vertrauten Freundesrunde zählt dabei zu den unverzichtbaren Annehmlichkeiten eines ansonsten von Anstrengung und Entbehrung geprägten Sportlerlebens. Ein dazu passendes Glas Wein aus Österreich verleiht diesen kulinarischen Momenten eine zusätzliche Genussdimension. Außerdem zählen unsere besten Weingüter wie unsere sportlichen Aushängeschilder zur absoluten Weltelite.
Wir freuen uns daher, dass wir die herrlichen Gerichte unserer SpitzenköchInnen mit edlen Weinen unserer besten WinzerInnen begleiten dürfen, und wünschen den SpitzensportlerInnen unseres Landes, dass wir gemeinsam auch in Zukunft viel zu feiern haben.

Mag. Wilhelm Klinger
Österreich Wein Marketing GmbH

Top Quality Transport

MÜLLER TRANSPORTE – verlässlicher Partner für Kunden und die Sporthilfe

Seit über 60 Jahren ist Müller Transporte im Gütertransport tätig. Der Familienbetrieb hat in den 1950er-Jahren als klassisches „Fuhrwerksunternehmen" in Wiener Neudorf (NÖ) begonnen. Heute zählt das Unternehmen bei temperaturgeführten Transporten zu den leistungsstärksten Logistik-Dienstleistern in Zentraleuropa und ist damit ein wichtiges Bindeglied zwischen Industriebetrieben, Produzenten und dem Handel.

Mit genau geplanten und präzise umgesetzten Abholungen und Anlieferungen trägt das Transportunternehmen täglich zum reibungslosen Ablauf im Wirtschaftsleben und zur Verfügbarkeit von Waren bei. Transportiert werden vorwiegend jene Produkte, bei denen eine temperierte Lagerung sowie Genauigkeit und Hygiene auf dem Transportweg für Hersteller und Endverbraucher entscheidend sind: Gemüse, Fleisch, Milchprodukte und andere Lebensmittel, aber auch lebenswichtige Pharmaprodukte werden Müller Transporte daher von führenden Herstellern anvertraut.

Insgesamt beschäftigt das Unternehmen an seinen vier Firmenstandorten in Österreich und dem benachbarten Ausland 390 Mitarbeiter und verfügt über 200 hochmoderne Kühlsattelzüge. Im April 2014 wurde am Standort Kalsdorf in der Steiermark die Fedl Kühllogistik GmbH, ein gemeinsames Unternehmen von Johann Fedl und Müller Transporte, gegründet. Unter dem Motto „Top Quality Transport" garantiert Müller Transporte seinen Kunden Genauigkeit, Kontrolle, Kosteneffizienz und bestes Service.

Dank des sozialen Engagements steht Müller Transporte auch der Österreichischen Sporthilfe als verlässlicher Partner zur Verfügung und fördert zusätzlich regelmäßig Projekte im Sozial- und Bildungsbereich. Das Unternehmen unterstützt auch den erfolgreichen Behindertensportler Georg Schwab und hat gemeinsam mit ihm das Coachingprogramm „Find your way!" gestartet. Dabei handelt es sich um ein in Österreich bisher einzigartiges Projekt mit dem Fokus auf Schulen und Jugendeinrichtungen.

Müller Transporte
Palmersstraße 10, 2351 Wiener Neudorf
Tel.: +43/2236/645 10, Fax: +43/2236/633 60
office@muellertransporte.at
www.muellertransporte.at
www.findyourway.at

Spitze mit Haube

Wie die zweite Ausgabe des besten Sporthilfe-Kochbuchs aller Zeiten entstand.

Sporthilfe-Kochbuch, die Zweite: Glaubten am Anfang noch alle Beteiligten, das würde mit der Erfahrung, die man im Vorjahr sammeln konnte, eine gmahte Wiesn (um den aktuellen ÖFB-Teamchef zu zitieren), bog man am Ende doch später in die Zielgerade ein als 2013. Sportliche Großveranstaltungen und gelegentliche Mühsal beim Koordinieren von Terminen mit Koch- und Sportstars, die wir unbedingt mit im Boot haben wollten, verlängerten die Produktionszeit. Aber der Aufwand hat sich wieder gelohnt. Wir konnten jede Menge toller Rezepte und einige Anekdoten sammeln. Auffällig war heuer die oft glänzende Laune der Beteiligten. „Kein Stress" war das Motto. Gleich das allererste Shooting, jenes bei Manfred Buchinger mit den Beachvolleyballern Clemens Doppler und Alexander Horst, gab die Richtung vor: einerseits dadurch, dass der Chefredakteur um eine Stunde zu spät zum Termin kam, weil ihn sein Navi durchs halbe Weinviertel in die Irre gelotst hatte, andererseits durch die gute

Stimmung, die vor allem den kauzigen Erzählungen des Gastgebers zu verdanken war (der übrigens auch seine Rezepte auf besonders launige Art formuliert).

Bei anderen Paarungen machte sich bemerkbar, dass sie schon oft gemeinsam gearbeitet hatten. Ganz besonders fiel das bei PULS 4-Fernsehkoch Oliver Hoffinger auf, der mit dem Ex-Beachvolleyballer Oliver Stamm kochte. Sie machen das oft, z. B. bei Auftritten für einen Geschirrhersteller. Wir standen mit ihnen etwa doppelt so lange in der Studioküche als geplant, weil der

Schmäh derartig lief, dass wir irgendwann die Wiedergabe von Originalzitaten stoppen mussten, weil sie schon lange nicht mehr jugendfrei waren.

Bei nicht sooo gut gelaunten Paarungen überlegten wir gelegentlich, künstlich Hoppalas zu produzieren, kamen von diesem Gedanken aber ab, als jemand vorschlug, mit Ketchup schwere Schnittwunden zu simulieren. Das wäre vielleicht zu weit gegangen.
Viele Sportler kannten ihre Kochpartner schon vorher oder schlugen sie sogar selbst vor. So is(s)t Markus

Prock häufig im Wiener Marriott, Matthias Mayer grillte mit dem befreundeten Philipp Prodinger vom Schloßhotel Seewirt bei einem Fantreffen in Afritz am See, Michael Konsel, Fan der italienischen Küche, fühlte sich im Fabios wie zuhause. Tatsächlich zuhause kochte Superflieger Hannes Arch, weil dies der Superkoch Roland Trettl (bis vor Kurzem Executive Chef im Salzburger Superrestaurant „Ikarus") vorschlug. Archs Küche sei einfach toller als seine eigene. Im Ikarus wiederum kochte Snowboarder Benni Karl mit dem aktuellen Chefkoch Martin Klein, mit dem ihn zum Beispiel der gemeinsame Sponsor, ein nicht unbekannter Energy-Drink-Hersteller, verbindet.
Wir möchten uns an dieser Stelle wieder bei allen Beteiligten bedanken. Sie haben uns viel Zeit geopfert; viele Sportler sind von weit her angereist, um der Sporthilfe auf diese Art zu helfen, Köche haben ihre Betriebe stundenlang für uns lahmgelegt. Und alle einte das Gefühl, eine gute Sache zu unterstützen, kommt der Erlös doch ausschließlich der österreichischen Sportförderung zugute.
Daher noch dreimal danke: den Sponsoren, den Inserenten und Ihnen, der Sie dieses Buch gekauft haben.

Ströck

WEISSENSEERHOF
HOTELS

Nah am Wasser gebaut

Am Weißensee trifft eine Spitzenruderin auf einen sportlichen Spitzenkoch. Zusammen kochen sie spitzenmäßig Knödel.

Die Kochbuch-Redaktion wollte gern Florian Klinger, den Küchenchef des Weissenseerhofs in Neusach, in diesem Kochbuch haben, weil er so toll kocht und dem großartigen Weißensee einen weiteren kulinarischen Hotspot beschert hat. Die Sporthilfe wollte gern Magdalena Lobnig, Österreichs derzeit beste Ruderin, im Buch haben, weil sie diesen Sport hierzulande so erfolgreich und attraktiv verkörpert. Für beides fanden sich ausreichend Gründe und auch rasch eine Gelegenheit, die beiden zusammenzuspannen.
Sehr schnell stellte sich beim Zusammentreffen heraus, dass Lobnig und Klinger ein paar nicht unwichtige

MAGDALENA LOBNIG

(* 19. Juli 1990 in St. Veit an der Glan) lebt in Völkermarkt in Kärnten. Die sympathische und ehrgeizige Ruderin, die dem Österreichischen und dem Kärntner Ruderverband angehört, ist auf Erfolgskurs. Im Jahr 2013 wurde die mehrfache österreichische Staatsmeisterin auch Vizeeuropameisterin. Zu den langfristigen Zielen der jungen Sportlerin gehören eine Medaille bei den Olympischen Spielen 2016 in Rio sowie eine WM-Medaille und ein Platz in den Top 3 im Weltcup.

Dinge gemeinsam haben, die Herkunft beispielsweise. Beide stammen – sie wussten es vor ihrem gemeinsamen Kochen nicht – aus der Gegend um Völkermarkt, das sorgt beim Zusammentreffen schnell für eine positive Chemie. Beide leben und arbeiten am bzw. auf dem Wasser. Und Magdalenas Onkel ist ein guter Freund des Kochs, wie sich rasch herausstellt.

Viel wichtiger ist aber beim gemeinsamen Kochen das jeweilige Interesse an gesunder Ernährung und sinnvollem Umgang mit Lebensmitteln. Küchenchef Klinger führt hier die feine Klinge und ist außerdem selbst „emeritierter“ Sportler. Er war Kärntner Landesmeister im Langlauf und weiß genau, was Sportler brauchen. Darüber hinaus hat er eine Ausbildung als Ernährungswissenschaftler.

Folgerichtig wird zunächst einmal der hauseigene Kräutergarten geplündert. Magdalena ist verblüfft von der Vielfalt an Grünzeugs, das in die Küche mitgenommen wird: „Ich hatte keine Ahnung, was man alles aus dem Garten zum Kochen verwenden kann.“ Klinger erläutert kurz die Küchenphilosophie des Weissenseerhofs: Das Haus legt großen Wert auf Nachhaltigkeit und verwendet viele Vollwertprodukte aus der Region, ein Großteil der Lieferanten sind regionale Bauern. Auf Meerestiere wird aus ökologischen Gründen

> Ich hatte keine Ahnung, was man alles aus dem Garten zum Kochen verwenden kann.
>
> MAGDALENA LOBNIG

verzichtet. Dafür gibt es Fisch aus dem See vor der Haustür. „Unsere Produkte kommen aus einem Umkreis von maximal 200 Kilometern." Und Habitués wissen: Die Fische aus dem Weißensee gehören zu den besten ihrer jeweiligen Art, sei es Forelle, Saibling oder sonst was. In der See-Höhe von über 930 Metern ist das Wasser kalt und das Fischfleisch perfekt. Davon legen auch ein toller Fischverarbeitungsbetrieb und alle Restaurants am See Zeugnis ab.

In Greifenburg, fünfzehn Minuten entfernt, gibt es eine Gärtnerei, die Obst und Gemüse gemäß den strengen Vorgaben des Weissenseerhofs züchtet. Den Kräutergarten unmittelbar neben dem Hotel betreut ein eigener Botaniker; auf die Wissensvermittlung zwischen Gärtner und Küche wird großer Wert gelegt. Der Garten ist offen gestaltet und mit Sträuchern und Büschen abgegrenzt. Zeitweise stehen bis zu fünfzehn Rehe vor der Restauranttür, „was für die Gäste immer ein besonderer Moment ist", so Klinger.

Wieder in der Küche: Magdalena Lobnig raspelt Wurzelgemüse, der Küchenchef lässt die Roten Rüben zweimal überkochen und entschuldigt sich damit, dass „der hohe Eiweißanteil die Rüben so schnell aufschäumen lässt". Extra für Magdalena brät der Klinger die Knödel in Butter an: „Für Veganer würde ich das mit Olivenöl machen." Solche sind heute aber nicht zu Gast. Die Sportlerin lässt sich das geradezu opulente Gericht einfach ohne schlechtes Gewissen schmecken.

FLORIAN KLINGER

(* 30. August 1967) aus Eberndorf machte seine Koch- und Kellner-Lehre im Kurhotel Bleibergerhof (3 Hauben) und erkochte in den Jahren 1987 bis 1990 als Küchenchef im Schlossparkhotel in Eisenkappel seine erste Haube und war damals der jüngste Haubenkoch Österreichs. Nach Stationen als Küchenchef im Hotel Montana in Samnaun oder im „Viva" ist der diplomierte Diätkoch und Ernährungsberater nun seit Oktober 2011 im Bio-Vitalhotel Weissenseerhof (2 Hauben) als Küchenchef tätig.

Gefüllte Dinkelknödel auf getrüffeltem Blattspinat und Rote-Rüben-Filets

4 Portionen

Zutaten für den Teig
½ l Sojamilch
150 g Dinkelgrieß
2 EL Pfeilwurzelmehl (als Ei-Ersatz)
180 g Dinkelbrösel
Muskatnuss, gemahlen
Steinsalz

Zutaten für die Fülle
150 g gemischtes Gemüse (Karotten, Sellerie, Zucchini, Kohlrabi, Brokkoli)
Kräuter nach Saison und Geschmack
Salz

ferner
100 g Blattspinat
1 Rote Rübe

Die Sojamilch erhitzen und den Dinkelgrieß einrühren. Die Masse vom Herd nehmen und die Dinkelbrösel mit dem Pfeilwurzelmehl dazugeben, mit Steinsalz und Muskatnuss würzen. Das Gemüse waschen, putzen und in kleine Würfel schneiden oder raspeln. In einer Pfanne in wenig Olivenöl anschwitzen, bis es weich ist und eine Masse bildet. Leicht salzen und frische Kräuter dazugeben.
Aus dem Teig eine 4 cm dicke Rolle formen, in 1,5 cm starke Scheiben schneiden. Die Gemüsefülle in die Mitte geben (je ca. 1 Esslöffel) und Knödel formen. In leicht wallendem Salzwasser 10–12 Min. kochen lassen. Den Blattspinat sauber waschen und putzen, lange Stiele entfernen. In eine Pfanne ein wenig Trüffelöl geben und den Spinat dazugeben, kurz durchschwenken, bis der Spinat weich ist, abschmecken. Die Rote Rübe schälen und achteln, in leicht gesalzenem Wasser weich kochen oder dämpfen.
Anrichten: Spinat in die Tellermitte geben und 2 Stück von den Dinkelknödeln draufsetzen. Mit etwas Trüffelöl beträufeln, mit frischen Kräutern und Trüffelscheiben sowie Rübenfilets garnieren.

Weintipp: mittelkräftiger Sauvignon blanc

Schaftopfen-Kartoffel-Soufflé mit mediterranem Gemüse

4 Portionen

350 g mehlige Kartoffeln (gekocht und fein gepresst)
2 große Eier
200 g frischer Schaftopfen
frischer Thymian
Muskatnuss, gemahlen
Steinsalz
4 EL natives Olivenöl extra
4 Souffléformen
Kokosfett

Zutaten Gemüse
1 Zucchini, 1 Melanzani
2 Tomaten
1 frischer Fenchel
1 frische Artischocke
frischer Thymian und Rosmarin
natives Olivenöl extra
12 St. Oliven, schwarz oder grün
Kokosfett

Zu den fein gepressten Kartoffeln den Schaftopfen, 2 Eidotter, die Kräuter und Gewürze dazugeben. Das Ganze gut vermischen, mit Steinsalz abschmecken. Zum Schluss das Eiweiß steif schlagen und unter die Masse heben. Die Souffléformen mit Kokosfett ganz dünn einstreichen und die Masse anschließend zu zwei Dritteln einfüllen. In ein Wasserbad stellen (flachen Topf oder Kasserolle 2 cm hoch mit heißem Wasser füllen), die Formen hineinsetzen und im Ofen bei 170 °C 15–18 Min. backen.
Das Gemüse waschen und putzen. Bis auf die Artischocke alles in Scheiben schneiden: die Tomaten in etwas dickere, Zucchini und Melanzani in normale und den Fenchel in ganz dünne. Die Artischocke in Salzwasser weich kochen und in vier gleiche Teile teilen. Das innere Heu entfernen. Eine beschichtete Pfanne erhitzen und wenig Kokosfett hinzufügen. Das Gemüse bei schwacher Hitze leicht anbraten, sodass nur wenig Farbe entsteht. Zum Schluss für eine Minute ein paar Oliven hinzufügen, einen frischen Zweig Thymian und Rosmarin und das Ganze mit Steinsalz leicht salzen. Das Gemüse dekorativ auf dem Teller verteilen, die Kräuter und restlichen Oliven drüberstreuen. Das fertige Soufflé in die Mitte geben und einen Esslöffel vom Olivenöl extra darüberträufeln.

Weintipp: Riesling Smaragd

Mohn-Mousse mit eingekochten Zimt-Zwetschken

4 Portionen

Mohn-Mousse
2 ganze Eier, Größe L
25 g Feinkristallzucker
150 g weiße Schokolade
2 Blatt Gelatine
½ l Schlagobers
2 cl Rum
Mark von einer Vanilleschote

Zimt-Zwetschken
400 g Zwetschken
3 EL Kristallzucker
2 Zimtstangen

Mohn-Mousse: Die ganzen Eier mit dem Zucker in eine Rührschüssel geben und schaumig rühren. Die Schokolade in einem Wasserbad schmelzen (sie sollte nur lauwarm sein!). Die Gelatine in kaltem Wasser einweichen. Das Schlagobers steif schlagen. Die weiche Gelatine mit zwei Esslöffeln flüssigem Obers in einem kleinen Topf bei schwacher Hitze auflösen. Den Rest des Obers steif schlagen. Jetzt die warme Schokolade mit der aufgeschlagenen Eimasse verrühren, Rum, Vanille und Mohn dazugeben, flüssige Gelatine hinein und das geschlagene Obers unterheben. Die Masse in eine Schüssel füllen und für drei Stunden in den Kühlschrank stellen.

Zimt-Zwetschken: Alle Zutaten in einen flachen Topf geben und bei sanfter Hitze einkochen. Danach abkühlen lassen. Die Zimt-Zwetschken auf einem flachen Teller verteilen und mit einem Esslöffel zwei Mousse-Nockerln draufsetzen. Eventuell mit Minzblättern und Schokoladespänen ausgarnieren.

Weintipp: Scheurebe-Beerenauslese

Gefüllte Dinkelknödel
auf getrüffeltem Blattspinat und Rote-Rüben-Filets

PERMANENT MARKER

Nach alter Koch-Schule

ALEXANDER HORST und **CLEMENS DOPPLER,** Österreichs beste Beachvolleyballer, assistierten einem Koch der alten Schule der Neuen Wiener Küche.

Die Kunst ist das Weglassen", sagt Manfred Buchinger auf der Terrasse seines Gasthauses „Zur alten Schule" in Riedenthal. „Mein letztes Ziel ist: schwarzer Punkt, roter Strich: Miró, und das kostet zwei Millionen Euro ... Und so einfach hab ich's heute gemacht: Ich bin um eins rausgefahren, habe die Triebe abgeschnitten und sie mit den beiden gekocht. Sie haben die Blüten in den Teig getaucht, sie am Grill gebraten, umgedreht – das schaut gut aus und ist gut." Und wie haben sich Clemens Doppler und Alexander Horst am Herd so angestellt? „Irgendwann einmal werden sie nur mehr Köche sein", lautet Buchingers Urteil.
Das ist natürlich alles Ironie, die ein Markenzeichen des Kochs ist. Aber die beiden Beachvolleyballer kochen tatsächlich recht gern. Alexander Horst bezeichnet seine Schnitzel als die weltbesten, Clemens

Doppler kocht Hausmannskost, aber nach einer längeren Zeit in Italien hat er auch die italienische Küche drauf: „Pastagerichte, Risotto – wenn man das eine Zeit lang im Original gegessen hat, merkt man schon, wie unterschiedlich auch die einfachen Dinge schmecken können. Wenn ich in Italien bin, könnte ich mich eine Woche lang nur von Spaghetti Vongole ernähren." Ernährungsvorschriften? Gibt es nicht wirklich für Beachvolleyballer. Kraft muss das Essen halt geben. „Aber wir essen einfach beide viel zu gern, um uns da etwas vorschreiben zu lassen." Manfred Buchinger kommt unvermutet mit dem Essen daher, das davor gemeinsam gekocht wurde – es ist köstlich. „Ich hab noch nie gehört, dass man Kürbisblüten isst", so Horst. „In meinen Supermärkten bekomm ich das nicht." Buchinger: „Ich hol mir das vom gleichen Bauern, von dem ich auch das Rindfleisch bekomm. Der hat ungefähr 170 Hektar Grund und zirka 60 Gallowayrinder. Dann gibt es noch den Fred Zehetner, der hat 700." Allgemeines Staunen breitet sich aus. Buchinger hat jede Menge guter Geschichten auf Lager. Wie viele Bauern er als Lieferanten hat? „Na ja, einige. Es hat zum Beispiel jahrelang keinen heimischen Knoblauch mehr gegeben. In allen Supermärkten war nur mehr chinesischer oder spanischer Knoblauch zu bekommen. Wir haben mit einem hiesigen Landwirt damit angefangen, Knoblauch anzubauen. Jetzt haben wir vier Äcker davon und alle hier haben genug Knofl."

> „Aber wir essen einfach beide viel zu gern, um uns da etwas vorschreiben zu lassen."
> CLEMENS DOPPLER

Ein ziemlich beeindruckendes Beispiel für eine sinnvolle ökologische Eigeninitiative. Rasch entspannt sich eine Diskussion über Transportwege im weltweiten Lebensmittelhandel und Produktionsbedingungen in der so billigen Dritten Welt … aber so etwas gehört nicht in ein Kochbuch, oder? Manfred Buchinger war lange Jahre, in der glorreichen Zeit der „Neuen Wiener Küche", Executive Chef im Wiener Hotel Intercontinental und berühmt für seine ausgefallenen, immer delikaten Kreationen. Er spielte damals als Ausgleich Volleyball im Wolkersdorfer Stadt-Schul-Turnsaal und der Bürgermeister bot ihm eines Tages die (tatsächliche) alte Schule an, die schon lange ein wechselhaft geführtes Wirtshaus war. Er schlug zu und verwirklicht seither seine Vorstellungen von einem guten Gasthaus – mit großem Erfolg. Und weil er sie so individualistisch geschrieben hat, lesen Sie auf der nächsten Seite eine völlig andere Art von Rezepten.

ALEXANDER HORST & CLEMENS DOPPLER

Alexander Horst (* 20. Dezember 1982 in Wien) und Clemens Doppler (* 6. September 1980 in Kirchdorf an der Krems) feierten zusammen mit gebündelten Kräften zahlreiche Erfolge als Beachvolleyballer. Im Jahr 2014 holten sie EM-Bronze. Clemens Doppler wurde außerdem 2003 und 2007 Europameister sowie 2010 Vizeeuropameister. Alexander Horst konnte sich 2009 den Titel des Vizeeuropameisters sichern. Das Duo nahm auch an den Olympischen Spielen in London teil.

MANFRED BUCHINGER

(* 27. Mai 1952) stammt aus Wolkersdorf im Weinviertel und wurde 1993 zum kreativsten Koch des ganzen Landes gewählt. Manfred Buchinger kochte in 3-Sterne-, 2-Sterne- und 1-Stern-Michelin-Restaurants in Lyon, Paris und Reims. Insgesamt hat der unkonventionelle Koch an 31 Orten weltweit für Intercontinental-Hotels gekocht. In seinem „Gasthaus zur alten Schule" in Riedenthal nahe Wolkersdorf verwöhnt der Autor diverser Kochbücher seine Gäste.

Kürbissprossen mit Geselchtem

4 Portionen

ca. 600 g Kürbissprossen, frisch vom Acker, gewaschen
16 männliche Kürbisblüten

Palatschinkenteig
2 EL gehackte Petersilie
100 g Selchschopf, in Scheiben geschnitten
grobes Salz, Pfeffer aus der Mühle
Kernöl
1 Zitrone

Die Sprossen in Salzwasser nur einige Minuten weich kochen, abtropfen und noch heiß anrichten. Mit Salz und Pfeffer bestreuen und mit etwas frischem Weinviertler Kernöl vom Josef Krexner beträufeln.

Die Kürbisblüten in Palatschinkenteig mit etwas gehackter Petersilie tauchen und in einer Pfanne in etwas Olivenöl beidseitig braten. Zitrone über das Gericht zum Abschmecken frisch pressen, wie das der Clemens Doppler so schön macht, davon bekommt man auch noch saubere Hände ...

Weintipp: trockener Gewürztraminer

Weinviertler Ziegenkitznacken

4 Portionen

Ziegenkitz- oder Lammhals, ca. 1,3 kg schwer
1 Flasche Weinviertler Grüner Veltliner DAC
5 grob geschnittene Zwiebeln
5 zerdrückte Knoblauchzehen
grobes Salz und frisch zerdrückter schwarzer Pfeffer
eine Prise Zucker
Kräuter wie Ysop, Pimpernell, Salbei, Rosmarin oder Petersilie und Schnittlauch, alles ist erlaubt, was zur Hand ist
1 Eiweiß
Salz
1 EL Maizena
einige Tropfen Weinviertler Sherry aus Stammersdorf
violette Erdäpfel (z. B. Blaue Elise oder Trüffelkartoffeln)
250 g Kirschparadeiser

Den Hals bei 145 °C im Backrohr ca. 2,5 Stunden (mit einer Schale Wasser unter dem Blech) im Wein mit Zwiebeln, Knoblauch, dem groben Salz und dem Pfeffer braun dünsten. Wie immer eine Prise Zucker über das Ganze zum Karamellisieren und alle Kräuter außer dem Salbei beifügen. Die Salbeiblätter tauche ich in eine Mischung aus dem geschlagenen Eiweiß, das mit einer Prise Salz, Maizena und dem Sherry aus Stammersdorf zur Konsistenz für einen dünnen Backteig vermischt wird. Die Erdäpfel mit dem Sparschäler dünn wie Chips schneiden und zusammen mit dem Salbei herausbacken. Eventuell mitgebratene Erdäpfel und kleine Paradeiser, kurz gebraten, runden beim Anrichten das Gericht optisch ab.

Weintipp: Grüner Veltliner Reserve oder kräftiger Roter Veltliner Wagram

Zwetschkentörtchen mit Rosenmuskatellergelee

4 Portionen

250 ml Obers
50 g griffiges Mehl
100 g Kristallzucker
2 Eier
2 Dotter
150 g gemahlene weiße Mandeln
eine Prise Salz
eine Prise gemahlene Vanilleschote vom Kotanyi
Butter und Brösel für die Tarteformen
12–16 schöne reife Zwetschken
Zitronenverbene, Lavendelblüten
1 gestrichener Kaffeelöffel Agar-Agar (vegetarische Alternative zu Gelatine)
200 ml Rosenmuskateller (ersatzweise Eiswein, Beerenauslese etc. oder Zwetschkenpago)
Vanilleeis

Obers, Mehl, Zucker, Eier, Dotter, Mandelmehl und die Gewürze glatt verrühren und über Nacht stehen lassen.

In gebutterte und mit Bröseln gestaubte Formen füllen. Geschnittene Früchte darauf arrangieren, bei ca. 185 °C im Backrohr ca. 35 Min. backen. Noch lauwarm aus den Formen lösen, mit frischer Zitronenverbene und Lavendelblüten garnieren. Die Kräuter duften durch die Kuchenwärme und schmecken auch sehr gut.
Agar-Agar in etwas kaltem Rosenmuskateller verrühren. Restlichen Wein erhitzen und aufkochen lassen. Agar-Agar einrühren, ca. 2 Min. kochen, während des Abkühlens mit dem Schneebesen immer wieder glatt rühren – bei 38 °C geliert es bereits. Mit dieser Temperatur über die Törtchen gießen und alles mit Vanilleeis servieren!
Die Zwetschken können fast durch jede Frucht ersetzt werden, es ist also ein 4-Jahreszeiten-Kuchen!

Weintipp: Muskateller Beerenauslese

Kürbissprossen mit Geselchtem

Andreas Senn

Superkombinierer am Herd

Der Meister zweier nordischer Disziplinen, Kombinierer-Star **MARIO STECHER,** traf **ANDREAS SENN,** den Herr über zwei Küchen, und stellte fest, dass auch Köche große Sportler sein können.

Zur Kochsession im EWE-Küchenstudio in Pasching wird Mario von seiner Frau Carina begleitet, Bennis Raichs Schwester. Die gebürtige Tirolerin entpuppt sich schnell als geübte und wissbegierige Hobbyköchin. Daheim im Pitztal wird am liebsten gutes Rindfleisch gekocht: „Ein feines Steak mit Erdäpfeln, hmmm", schwärmen Carina und Mario. Und werden gleich gewaltig überrascht. „Was ist denn das da, schwarze Kohle zum Essen?" Andreas Senn verrät seinen Kocheleven: →

MARIO STECHER

(* 17. Juli 1977 in Eisenerz) gab am 4. Dezember 1993 sein Debüt im Weltcup und war 1994 mit 16 Jahren der jüngste Sieger am Holmenkollen. Bisher nahm er sechsmal an Olympischen Spielen teil, seine größten Erfolge feierte er 2006 in Turin und 2010 in Vancouver (jeweils Gold mit der Mannschaft). Bei den Olympischen Winterspielen 2014 in Sotschi, bei denen er als Fahnenträger das österreichische Team anführte, gewann er im Teambewerb die Bronzemedaille.

ANDREAS SENN

(* 6. Jänner 1980 in Grieskirchen/OÖ) führt gleich zwei Restaurants mit dem gleichen Namen: Das „Heimatliebe" gibt es sommers in Salzburg und winters in Kitzbühel. 2014 zeichnete ihn der „Gault-Millau" mit 17 Punkten und 3 Hauben aus.

„Ja, selber gemachte Kohle, aus Maniok, einem Hauptnahrungsmittel aus Brasilien, mit Tintenfischtinte gefärbt." Carina und Mario kommen aus dem Staunen nicht heraus: „Noch nie gehört! Und diese Paste hier?" – „Das ist eine japanische Misopaste. Die kommt zum Fisch."
Andreas Senns Restaurant „Heimatliebe" passt zum Kombinierer Stecher, denn es ist zweigeteilt: Im Winter logiert es im Hotel A-Rosa in Kitzbühel, während der übrigen Monate gibt er mit „Heimatliebe" ein Gourmet-Gastspiel in Salzburg-Kasern.
In professioneller Manier begibt sich Mario in die Anlaufspur, ergreift die Initiative und greift zum Messer: „Was mach ma, was kann ich tun?" Andreas Senn lüftet das Geheimnis: „Wir kochen heute Kabeljau mit Miso-Paste, Eierschwammerln und Minibrokkoli." Wow! Carina und Mario läuft merklich das Wasser im Mund zusammen.
Gefühlvoll massiert Mario den Fisch mit Miso-Paste ein: „Muss das auch schön sein oder passt es so?" Und er entdeckt seine neue Liebe zu frischem Koriander: „Hm, das schmeckt gut!"

> „Was sehr fett ist, mag ich gar nicht. Obwohl ein Schweinsbraten auch was Gutes ist."
> MARIO STECHER

Während entzückende Rettichröllchen im Dampfgarer ihrer Perfektion entgegenstreben, plaudern Andreas und Mario über eine sportliche Gemeinsamkeit, das Radfahren. Spitzenkoch Andreas Senn hat seine strammen Wadeln vom Radeln: „Ein toller Ausgleich, da bin ich frei im Kopf und denke nicht einmal ans Kochen." Er legt im Jahr rund 20.000 Kilometer mit dem Rennrad zurück und erntet dafür Bewunderung vom Spitzensportler. Mario Stecher tritt natürlich in seiner Trainingszeit auch viel in die Pedale, „aber so viele Radkilometer habe ich nicht in den Beinen". Dafür hat Mario schon rund zehn Operationen im Knie erduldet. Verletzungen am Kreuzbandl, Knorpelschäden & Co. begleiten die erfolgreiche Karriere des Skispringers und Langläufers.
Durchtrainiert und schlank sind sie alle drei, Carina, Mario und Andreas. Mario: „Was sehr fett ist, mag ich gar nicht. Obwohl ein Schweinsbraten auch was Gutes ist. Aber das gibt es bei uns halt nur zweimal im Jahr, zu Weihnachten zum Beispiel."
Andreas Senn gibt noch Anweisungen zum Anrichten: „Noch ein paar Tupfer vom Amalfi-Zitronen-Püree." Mario garniert das Gourmetgericht noch mit Algen, die aussehen wie winzige grüne Kaviarperlen, holt Besteck herbei und landet quasi im Telemark am Genießertisch: „Guten Appetit allseits! Das müssen wir zuhause unbedingt ausprobieren."

Kabeljau, Miso, wilder Brokkoli & Dashi

4 Portionen

10 g Mirin-Reisessig, 10 g Sake
100 g weiße Misopaste
(alles aus dem Asia-Shop)
4 St. Kabeljau à 60 g
8 St. wilder Brokkoli
ca. 100 g Eierschwammerln
15 g Shirodashi
(ebenfalls aus dem Asia-Shop)
10 g Ingwer, 100 ml Wasser
Petersilie, Minze

Sake und Mirin aufkochen und die Misopaste dazugeben, kurz weiterkochen und auskühlen lassen. Den portionierten Fisch dünn mit der Misopaste bestreichen und im Ofen bei 220 °C ca. 10 Min. backen.
Brokkoli schälen und in Salzwasser bissfest garen. Eierschwammerln in Traubenkernöl sautieren und mit Salz und Pfeffer würzen. Ingwer, Shirodashi und Wasser aufkochen, Petersilie und Minze kurz darin ziehen lassen und abpassieren.

Weintipp: Riesling, halbtrocken

Spanferkelbauch, Marchfelder Artischocken & Aubergine

4 Portionen

1 Spanferkelbauch mit Schwarte (ca. 600g)
Gewürzfond (bestehend aus 1 ½ l Wasser, Lorbeer, schwarzem Pfeffer, Salz und Wurzelgemüse)

Auberginenpüree
2 Auberginen
Thymian, Olivenöl
Salz, Pfeffer, Essig

Artischocken
4 St. Marchfelder Artischocken
Olivenöl
250 ml Hühnerfond

Den Bauch waschen, trocken tupAfen und im Gewürzfond langsam weich kochen. Abkühlen lassen und in Öl auf der Hautseite knusprig anbraten.

Auberginenpüree
2 Auberginen schälen, leicht salzen und mit etwas Thymian und Olivenöl in Alufolie einwickeln. Bei 160 °C weich schmoren und fein mixen. Abschmecken mit Salz, Pfeffer und Essig (wenn möglich Tomatenessig von Gegenbauer).

Artischocken
Artischocken putzen, vierteln und in etwas Olivenöl kurz anbraten, mit etwas Hühnerfond ablöschen und zugedeckt weich schmoren.
Anrichten mit getrockneten Tomaten und frischem Koriander.

Weintipp: Rotweincuvée (BF, CS, ME)

Rhabarber, Himbeer & Sauerklee

6 Portionen

Sauerkleesorbet
300 g Wasser
150 g Joghurt, 3,6 %
200 g Sauerklee
3 Blatt Gelatine
100 g Eiswürfel
10 g Fruchtsäure
10 g Glukose

Weiße Sachermasse
180 g weiche Butter
80 g Staubzucker
8 Eigelb
270 g weiße Schokolade
8 Eiweiß
150 g Zucker
180 g Mehl

Geschmorter Rhabarber
4 Stangen Rhabarber
50 g Tiefkühlhimbeeren
2 EL Zucker
200 g Wasser
Agar-Agar

Sauerkleesorbet
Alle Zutaten im Mixer sehr fein mixen und in einer Eismaschine frieren (oder in den Tiefkühler stellen und alle 5 Min. umrühren, bis sie zu einer cremigen Masse erstarrt sind).

Weiße Sachermasse
Handwarme Butter mit Staubzucker schaumig schlagen, Eigelb dazugeben und die geschmolzene und temperierte Schokolade langsam einrühren. Eiweiß mit Zucker schaumig schlagen und mit dem gesiebten Mehl langsam unter die Schokolademasse heben. Bei 180 °C ca. 40 Min. backen.

Geschmorter Rhabarber
Rhabarber von den Fäden befreien, Wasser mit Zucker und Himbeeren aufkochen und abpassieren. Den Rhabarber mit der Flüssigkeit vakuumieren und bei 90 °C im Ofen bei Wasserdampf ca. 15 Min. garen.

Rhabarbergel
Die Garflüssigkeit vom Rhabarber nochmals abpassieren, auf 200 g Flüssigkeit 3 g Agar-Agar dazugeben und aufkochen. Abkühlen lassen und fein mixen.
In eine Spritzflasche abfüllen.
Alles anrichten nach persönlichem Geschmack.

Weintipp: Roter Eiswein

Kabeljau, Miso, wilder Brokkoli & Dashi

Schlagabtausch in Purbach

Wenn Kickboxerin **NICOLE TRIMMEL** mit **MAX STIEGL** in den Koch-Ring steigt, kommen ein hitziges Wortgefecht und ein Haufen zerschlagenes … nein, nicht Porzellan, sondern Gemüse heraus.

Die einzige Beamtin unter uns – und die kommt zu spät!“, heißt Hausherr Max Stiegl Kickbox-Weltmeisterin Nicole Trimmel auf seine eigene charmante Art willkommen (sie ist auch Angestellte im Sportreferat). Die beiden sind einander offensichtlich nicht fremd. Ende Juli feierte die 31-Jährige z. B. ihr 15-jähriges Sportjubiläum in den Gemäuern des Guts Purbach.

„Was kochen wir heut eigentlich?“, fragt Max und entscheidet sich spontan für eine erfrischende Kaltschale wie eine spanische Gazpacho. „Du kannst schon einmal die Tomaten schnippeln“, teilt der 34-Jährige sein Opfer ein. „In kleine Würfelchen?“, fragt Nicole. „Das wird eh gemixt“, antwortet Max. „Dann brauch ich

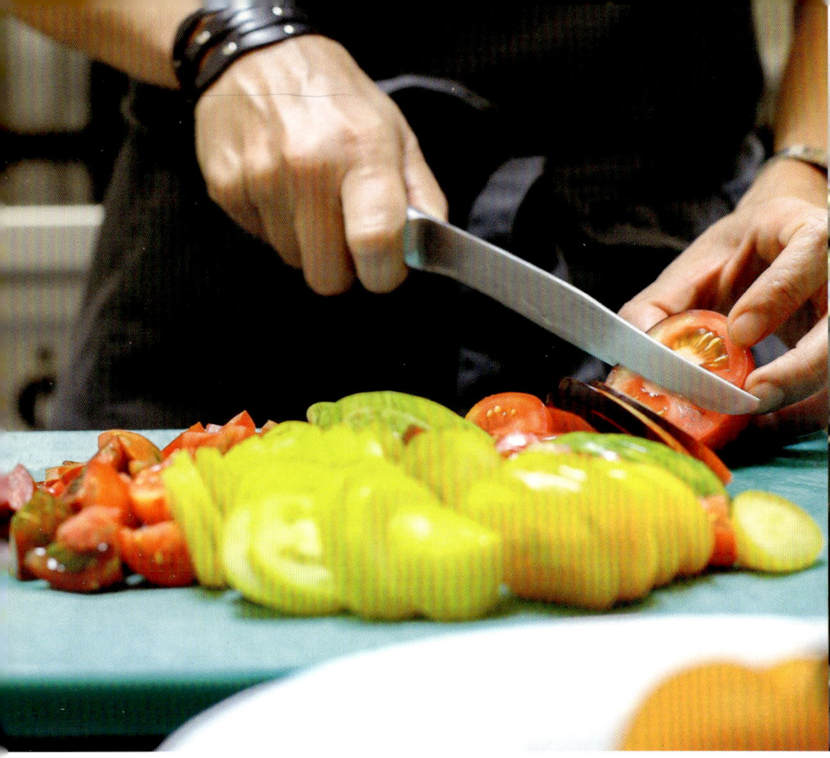

NICOLE TRIMMEL

(* 13. Oktober 1982 in Wien, aufgewachsen in Oslip im Burgenland) besuchte die HAK in Eisenstadt und begann 1999 professionell mit dem Kickboxen. Sie machte die Ausbildung zur staatlichen Trainerin, arbeitete sieben Jahre in einer Spedition und ist seit 2008 im Bundessportreferat. Erfolge: 8 Weltmeistertitel, 2 Europameistertitel, 19 Staatsmeistertitel.

mich ja gar nicht so bemühen, heast!“, beschwert sich die Burgenländerin über die ungenaue Anweisung. Der gebürtige Slowene (der eigentlich Raskovic heißt) ordert Ingwer und Zucker. „Kochst du daheim jeden Tag?“, fragt er. „Jeden Tag nicht, aber oft. Einfache Küche, wie Gemüse im Wok abbraten, mit Fleisch oder Fisch, oder Lunge und Beuschel ...“ Letzteres war natürlich ein Witz, Nicole spielt auf Stiegls österreichweit bekannte Innereien-Spezialisierung an. Nein, Lammhoden oder Kuheuter hat sie noch nicht gekostet: „So gut kann er's gar nicht machen.“ Dann holt Stiegl eine Flasche hervor: „Wein ist ganz wichtig. Ohne den geht nix.“ Sagt's und schüttet ein Viertel Rosé in den Mixer. Dazu kommen Paradeiser, Honiggurken, Ingwer, Mineralwasser und – Gurkerlwasser. „Wie du immer so kochst, na bumm.“ Nicole ist von Max' archaischem Kochstil beeindruckt. „Man darf das Leben nicht so ernst nehmen“, entgegnet der Vater eines zweijährigen Sohnes, bald auch eines zweiten.

Nach dem Mixen schmeckt der Haubenkoch mit Salz, Pfeffer, Vogelmiere und Mönchsbart ab. „Die moderne Bezeichnung dafür ist Unkraut“, witzelt Trimmel. „Wir brauchen noch eine Limette und ein bissl was Scharfes“, ergänzt Stiegl. Während er Chilipaste und Verbene-Öl – „Das ist gut für die Verdauung“ – in den Mixer gibt, reicht er

> Kampfsport wird immer gleich in die brutale Ecke gestellt. Es schaut von außen viel wilder aus, als es tatsächlich ist.

NICOLE TRIMMEL

seiner Küchengehilfin eine Limette: „Ich glaub, du bist stärker, du kannst die auspressen." Nicole nimmt die sportliche Herausforderung an und scheitert: „Da kommt nix raus."

Schläge steckt Trimmel grundsätzlich ganz gut ein, sowohl verbale als auch physische. „Kampfsport wird immer gleich in die brutale Ecke gestellt. Es schaut von außen viel wilder aus, als es tatsächlich ist. Prellungen und blaue Flecken kommen vor, aber ich habe mir bis jetzt nur die kleine Zehe gebrochen. Beim Fußball oder Handball ist das schlimmer." Wie lange sie den Kickboxsport noch ausüben möchte? „Solange die Motivation passt, es Spaß macht und ich verletzungsfrei bleibe, maximal aber zwei Jahre. Wenn, dann will ich an der Spitze abdanken." Einen Plan für danach gibt es bereits: „Ich mache schon Workshops, bin auch in der Ausbildung im Verband tätig und habe eine Mentalcoachausbildung. Ich will Menschen zu Bewegung und gesunder Ernährung motivieren."

Mit vereinten Kräften geht die Kaltschale in die Endrunde und während Stiegl die „Gemüsesuppe" in Schalen füllt – „Man kann sie löffeln oder schlürfen" –, meint er in Anspielung auf die Weinbeigabe in Richtung Nicole: „Für dich gibt's nichts. Du musst ja noch Auto fahren." Schließlich darf die Kickboxerin doch kosten und urteilt: „Hmmm, erfrischend." Max, grinsend: „Ja, fahrt voll ein, oder?" Dann verabschiedet er sich in die Küche: „Und jetzt gibt es noch Marillenknödel für alle!"

MAX STIEGL

(* 13. April 1980 in Koper/Slowenien) absolvierte seine Lehre bei Günther Abfalter in Golling. Er arbeitete bei Adolfo Muñoz in Toledo, Alfons Schuhbeck in München, im „Inamera" in Rust – war dort mit 21 der jüngste Michelin-Sterne-Koch weltweit – sowie im „Mezzo" in Wien. Seit 2007 betreibt er das „Gut Purbach" am Neusiedler See und ist leidenschaftlicher Schafzüchter.

Pannonische Kaltschale mit Tête de Moine und Ingwer

4 Portionen

Kaltschale
1 kg reife Paradeiser, geviertelt
2 St. Gartengurken, klein geschnitten
2 rote Paprika, gewürfelt
20 g fein geschnittener Ingwer
1/8 l Roséwein
Salz, Cayennepfeffer

Einlage
4 sonnengetrocknete Paradeiser, fein geschnitten
6 Oliven, 4 Kapern, ein wenig Ingwer
1 Honiggurke, 4 Rosen Tête de Moine
Basilikum und Minze, klein geschnitten

Paradeiser, Gurken und Paprika mit Rosé und Ingwer über Nacht marinieren. Dann aufmixen, salzen, pfeffern und durch ein Sieb passieren. Falls nötig, mit etwas prickelndem Mineralwasser verdünnen.
Alle Zutaten für die Einlage kleinwürfelig schneiden.
Die Gemüsesuppe in Suppentellern anrichten, den entsprechenden Anteil der Einlage dazugeben, Tête de Moine dazu, mit Basilikum, Minze und, falls vorhanden, selbst angesetztem Majoranöl vollenden.

Weintipp: kräftiger Sauvignon blanc aus dem Burgenland

Purbacher Zander mit Rahmgurken und Kipfler

4 Portionen

1 Zander, ca. 1 kg, filetiert und entgrätet
etwas Mehl
Salz, Pfeffer, Zitronensaft, ein Zweig frischer Zitronenthymian
Olivenöl zum Braten
2 Salatgurken, geschält, entkernt, in Streifen geschnitten (mit Kartoffelschäler)
3 EL Sauerrahm
Saft von 1 Zitrone
Salz, Cayennepfeffer
½ kg Kipfler, gekocht und geschält
ca. 4 cl Weißwein
Jungzwiebeln
Kümmel, Salz, Cayennepfeffer
1 TL Butterschmalz

Den Zander portionieren. Die Filets mit Zitronensaft beträufeln, salzen, pfeffern, auf der Hautseite melieren. Mit der Hautseite nach unten in eine kalte Pfanne mit Olivenöl einlegen. Die Pfanne etwas heiß werden lassen, den Zitronenthymianzweig zum Fisch legen (er verbrennt, wenn man ihn vorher dazugibt) und alles im Backrohr bei 120 °C ca. 10 Min. garen.
Die Gurken salzen und auspressen, Rahm mit Cayennepfeffer und Zitronensaft glatt rühren, die Gurken daruntermischen.
Die Kipfler mit einer Gabel zerquetschen, mit Butterschmalz und Weißwein aufkochen und die Flüssigkeit etwas reduzieren lassen. Die geschnittenen Jungzwiebeln untermischen, mit Salz, Kümmel und Cayennepfeffer würzen. Mit zwei Esslöffeln aus der Erdäpfelmasse Nockerln formen.
Kurz vor dem Anrichten den Zander aus dem Backrohr nehmen und in einer Pfanne mit ganz wenig Fett noch einmal heiß anbraten, damit die Haut schön knusprig wird. Die Gurke in der Mitte des Tellers anrichten, die Nockerln seitlich. Den Zander drauflegen, mit Salbei und Thymian garnieren.

Weintipp: Leithaberg DAC Reserve weiß

Purbacher Cremeschnitte

4 Portionen

1 Pkg. Blätterteig
gemischte Beeren
2 EL gehackte Minze
¼ l Milch
60 g Feinkristallzucker
Mark von 2 Vanilleschoten, ausgekratzt
30 g Maizena
2 Dotter
2 Blatt Gelatine, in kaltem Wasser eingeweicht
Eischnee von 2 Eiweiß
20 g Feinkristallzucker
¼ l halb geschlagenes Obers

Den Blätterteig aufbacken, Beeren und Minze vermischen.
Milch, Zucker und Vanillemark gemeinsam aufkochen, dann Maizena, Dotter und Gelatine daruntermischen. Die Masse unter ständigem Rühren auskühlen lassen.
Eischnee und Obers vorsichtig mit dem Zucker verrühren. Alles vermischen und 3 Stunden kühlen.
Den ausgekühlten Blätterteig portionieren und mit der Vanillemasse wie einen Turm schlichten: Teig/Masse/Teig/Masse/Teig.
Zum Schluss mit Staubzucker bestreuen und mit den Beeren anrichten.

Weintipp: Traminer Beerenauslese

Pannonische Kaltschale mit Tête de Moine und Ingwer

Mediterrane Küche &

Mediterrane Küche erfreut sich in Österreich allgemeiner Beliebtheit, die weit über Pasta und Pizza hinausgeht. Das Geheimnis ist die klare, sehr puristische Zusammensetzung der Gerichte. Auch spanische Tapas erleben ein Revival und Gazpacho hat als Sommerhit ebenfalls Einzug in die heimischen Küchen gefunden. Die griechische Küche ist ein Dauerbrenner, doch dazu muss es nicht unbedingt griechischer Wein sein.

In der mediterranen Esskultur hat der Wein seinen ganz selbstverständlichen Platz als begleitendes Getränk. Das bedingt aber auch, dass es eher leichte Qualitäten mit Frische und feiner Säure sind, die als Speisenbegleiter bevorzugt werden. Diesen Anspruch können gerade österreichische Weine wunderbar erfüllen. Generell gilt: Weißwein hat die Nase vorn. Für Vorspeisen leicht und frisch, mit zarter Frucht, bei komplexeren Nudelgerichten aber auch in reiferer Version, jedoch nicht alkohollastig und vor allem botrytisfrei.

österreichischer Wein

ÖSTERREICH WEIN

Grüner Veltliner ist auch hier der Universalist und Allrounder, der von Antipasti bis zu Fleisch eine gute Figur macht, gefolgt von den Burgundersorten. Diese finden ja in vielen italienischen Weißweinen ihre Entsprechung; zu viel Säure harmoniert allerdings weniger. Gerade bei Knoblauch und Schärfe sind zu viel Mineralik und Würze kontraproduktiv.
Dafür gibt es eine hohe Kompatibilität mit steirischem Wein, insbesondere mit Sauvignon blanc. Der darf durchaus ein klassisch ausgebauter sein und muss keinen großen Lagennamen tragen; es sollte aber eher die reife Frucht im Vordergrund stehen, weniger grüne und allzu laute Aromen.
Eleganz ist gefragt, auch in den Basisqualitäten, das gilt auch für die Rotweine. Feine Frucht, nicht zu große Konzentration und vor allem ein moderater, zurückgenommener Fassausbau sind immer eine sichere Bank. Als besonders tauglich hat sich auch der St. Laurent erwiesen, der mit seinen Kräuternoten, aber auch den erdigen Tönen gut mit vielen Gerichten harmoniert.

Prosciutto & Melone

Der Dauerbrenner vor allem im Sommer. Die Melone sollte reif sein, um mit den Fruchtaromen im Wein zu harmonieren. Vorzüglich passt hierzu ein klassischer Veltliner, der die Salzigkeit des Prosciuttos in den Vordergrund bringt. Auch ein reiferer Rieslingtyp harmoniert gut im Spannungsfeld von Frucht und Salzigkeit, während die exotischen Aromen vor allem mit der Melone harmonieren.

DAZU PASST

- Grüner Veltliner, klassisch oder kräftig
- Roter Veltliner
- Riesling, kräftig
- Rotgipfler/Zierfandler, kräftig

Pizza

Pizza wird zwar selten mit Wein kombiniert, aber es gibt durchaus vergnügliche Möglichkeiten. Generell sind sowohl frische Weiße als auch Rosé und junge, fruchtige Rote eine gute Option. Weißweine können bei vegetarischer Pizza oder mit Meeresfrüchten jung und frisch sein, nicht allzu säurebetont und vor allem nicht zu aromatisch. Zweigelt, Blaufränkisch, klassisch ausgebaut, nicht zu konzentriert, sind eine sichere Bank. Je einfacher die Pizza, umso zurückhaltender auch der Wein, um die Aromen nicht zu übertönen. Nur bei Quattro formaggi kann man zu kraftvollen, auch leicht holzgereiften Weißen greifen.

DAZU PASST

- Grüner Veltliner, klassisch
- Grüner Veltliner, kräftig
- Welschriesling
- Rosé mit fruchtigem Charakter
- Zweigelt/Blaufränkisch, klassisch

PRIMI PIATTI

Spaghetti mit Vongole/ Frutti di Mare

Dezent mit Knoblauch und Petersilie kombiniert, eignen sich hier eher milde, neutrale Weißweine mit nicht zu viel Würze. Es darf aber auch ein Rosé sein! Oder ein kräftiger Welschriesling, etwa aus dem südlichen Weinviertel oder dem Burgenland. Die Meeresfrüchte mögen Riesling, Weißburgunder oder klassischen Rotgipfler.

DAZU PASST

- Grüner Veltliner, klassisch, nicht zu würzig
- Grüner Veltliner, kräftig
- Welschriesling, kräftig
- Riesling, elegant
- Rotgipfler/Zierfandler, klassisch, Neuburger

Bistecca vom Grill

Tagliata, Scaloppine, Bistecca – die italienischen Fleischgerichte sind schlicht und meist vom Grill oder kurz in der Pfanne gebraten. Rotwein oder Weißwein? Das lässt sich nicht so eindeutig beantworten, beides geht, je nach Typ des Weines, z. B. ein kraftvoller, reifer Weißer oder in Rot ein geschmeidiger Zweigelt, ein erdig runder St. Laurent, ein fruchtiger Blaufränkisch oder eine kraftvoll-würzige Cuvée.

DAZU PASST
- Riesling, reif
- Sauvignon blanc, kräftig
- Weißburgunder/Grauburgunder, kräftig
- Rotgipfler, Zierfandler, Neuburger
- Zweigelt, Blaufränkisch
- St. Laurent, Pinot noir
- rote Cuvée, kraftvoll-würzig

Pesce al forno

Im Ofen gebratener Fisch, ob Dorade oder Wolfsbarsch, ist ein sehr schlichtes Gericht, meist nur mit Gemüse begleitet. Fisch mag trockene, nicht zu säurebetonte und nicht zu schwere Weißweine. Hier machen Riesling und Sauvignon blanc eine sehr gute Figur. Ein reifer Steirer ist geradezu die Idealbesetzung.

DAZU PASST
- Grüner Veltliner, klassisch
- Riesling
- Sauvignon blanc, reif
- Morillon/Chardonnay
- Weißburgunder/Grauburgunder, reif
- Zweigelt, heller Typ, säurebetont

Eine Broschüre zum Thema „Mediterrane Küche und österreichischer Wein" sowie weitere Rezepte zum Nachkochen sind auf www.oesterreichwein.at nachzulesen.

ÖSTERREICH WEIN

Küche statt Cockpit

Überflieger **HANNES ARCH** fliegt auf Kürbiskernöl. Das nussige Gold darf daher in seiner Küche nicht fehlen. Als „Co-Pilot" in Archs Salzburger Privatküche dient Spitzenkoch **ROLAND TRETTL.** Ihr gemeinsames Pilotprojekt: Kürbis-Paprika-Suppe mit Schinkenkipferln.

Was für ein Domizil! Altes Gemäuer beherbergt modernstes Design by Hannes Arch. Wäre er nicht Extremsportler, hätte er sicherlich Karriere als erfolgreicher Designer gemacht. Eigene Ideen und eigener Geschmack sind die wichtigsten Zutaten in seiner selbst entworfenen Küche, in der diese gemeinsame Kochsession mit dem Südtiroler Meisterkoch Roland Trettl stattfindet. Jedes Detail ist beim Perfektionisten Hannes Arch ausgetüftelt. Da staunt selbst Roland Trettl, der als langjähriger Ikarus-Küchenchef und Reisender auf allen Kontinenten schon die internationale Elite im Küchendesign gesehen hat.

HANNES ARCH

(* 22. September 1967 in Leoben) war als Kunstflugpilot der erste österreichische Teilnehmer an der Red Bull Air Race Series. Seine größten Erfolge sind der Weltmeistertitel 2008 sowie die Vizeweltmeistertitel 2009, 2010 und 2014. Außerdem hat sich Hannes Arch, der in Innsbruck lebt, auch als Basejumper einen Namen gemacht. 2000 führte der sympathische Extremsportler einen Basejump von der Eiger-Nordwand, 2003 einen von der Matterhorn-Nordwand durch.

→ Bei den Leibspeisen des gebürtigen Steirers Hannes Arch muss Kürbiskernöl im Spiel sein, so auch heute. Spitzensportler und Spitzenkoch kosten sich durch Archs Ölsammlung. Der Extremsportler: „Dieses Kürbiskernöl von einem Freund ist ein absoluter Hammer. Früher war Kürbiskernöl sogar eine Währung in der Steiermark."
Hannes Arch zeigt auch beim Zwiebelschneiden Professionalität, lässt die Zwiebel in Olivenöl anschwitzen und gibt dann geschnittene Eierschwammerln dazu. Auch die Knoblauchzehe will fein geschnitten werden. Roland Trettl: „Eine Knoblauchpresse habe ich noch nie gebraucht."

Am liebsten tankt der Air-Racer Energie in der freien Natur. Arch: „Ich liebe die Natur, das ist mein Ausgleich, da finde ich zu mir selbst. Da draußen ist alles, wie es ist. Es gibt keine Ausreden, kalt ist kalt, müde ist müde. Und du musst mit keinem Baum diskutieren. Alles ist einfach und erdig. Das tut gut."
In der Küche hat es der Überflieger am liebsten bodenständig. Arch und Trettl stehen nicht das erste Mal zusammen in einer Küche. Schon auf Hawaii kochten sie mittags und abends und jeden Tag etwas anderes. Hannes kredenzt seinem Freund „Rolli" ein Küchenachterl, natürlich steirischer Provenienz. Rolli rollt den Teig für die Schinkenkipferln aus und verteilt auf die kleinen Teigdreiecke großzügig Fülle. Hannes darf Kipferln formen. Rolli: „Ich weiß, dass das eine Challenge ist, kleine Ecken und viel Fülle." Kunstflieger Hannes meint: „Ich mag Challenges", und schleckt genüsslich an seinen Fingern: „Hmmm, die Fülle schmeckt sogar ungebacken." Roland: „Is ja egal, wenn a bissl Fülle rausschaut." Dann ab ins Rohr mit den Kipferln.

„Früher war Kürbiskernöl sogar eine Währung in der Steiermark."

HANNES ARCH

Auch Roland Trettl ist begeisterter Sportler: „Jetzt laufe ich viel, aber ursprünglich komme ich vom Eishockey." Sportlich sind seine Anweisungen für das Schnittlauchschneiden: „Das Messer mehr ziehen und weniger drücken. Sonst presst man die ganzen ätherischen Öle raus. Und heiraten darfst erst, wenn du den Schnittlauch perfekt schneiden kannst."

Die Suppe mit Kürbis, Paprika, Tomaten und Eierschwammerln köchelt und köchelt. Was für ein Duft! Hannes Arch schwärmt von den sommerlichen Tomaten: „Hmm, die schmecken sensationell, das findet man auch schon selten." Nun kommt die neue Küchenmaschine zum Einsatz, die sich Hannes zum Brotbacken zugelegt hat. Heute aber darf die Suppe darin rotieren. Dann streicht der Flieger die Suppe voller Andacht durch ein Sieb: „Schade um den Rest, den man wegschmeißt, aber da kommt halt auch der ganze Geschmack heraus."
Roland liebt Olivenöl, also ist ein Kompromiss angesagt: Die angerichtete Kürbis-Paprika-Suppe wird in der Tasse sowohl mit Oliven- als auch mit Kürbiskernöl beträufelt, sehr kunstvoll natürlich. Trettl: „Jetzt machen wir einen Jackson Pollock daraus." Österreichs erfolgreichster Extrempilot testet die Suppe: „Ein Hammer!" Und ist schon wieder am Sprung nach Kanada und Hawaii und zu Wettbewerben in Las Vegas und Spielfeld. Zuvor aber bringt er noch schnell eine Portion Suppe für die Freundin in Sicherheit: „Ab in den Tiefkühler, denn Miri liebt Kürbissuppe. Und diese verfeinerte Variante wird sie besonders lieben."

ROLAND TRETTL

(* 3. Juli 1971 in Bozen, Italien) begann seine Ausbildung 1987 im Parkhotel Holzner in Oberbozen. Später arbeitete er im Münchner Restaurant „Aubergine" und im Restaurant „Tantris", dann schließlich im „Amadé". Danach war er Küchenchef im Restaurant „Ca's Puers" auf Mallorca und setzte nach vier Jahren dort seinen Weg für sechs Monate im Restaurant „Marine Terrace" in Tokio als Food-and-Beverage-Trainer fort. Von 2003 bis Ende 2013 arbeitete Roland Trettl als Executive Chef im „Restaurant Ikarus".

Kürbis-Paprika-Suppe mit Schinkenkipferln

4 Portionen

Schinkenkipferln
150 g Mehl
150 g Topfen
80 g handwarme Butter
150 g Eierschwammerln, klein gehackt
100 g gekochter Schinken, klein gehackt
½ Zwiebel, fein geschnitten
Salz, Pfeffer
1 verschlagenes Ei
1 EL Kürbiskerne, klein gehackt

Suppe
350 g Kürbis (Hokkaido), gewürfelt
Knoblauch
1 grüner und 1 roter Paprika, Tomaten
Safranfäden
1 EL Honig
etwas Wasser (oder Geflügelfond)
1 Schuss Weißwein
125 g Sauerrahm, Salz, Pfeffer
etwas Schnittlauch zum Bestreuen
etwas Kürbiskernöl zum Beträufeln

Schinkenkipferln
Mehl, Topfen und Butter mit etwas Salz zu einem glatten Teig verkneten und ca. 3 Stunden im Kühlschrank kalt stellen. Mit einem Nudelholz dünn ausrollen und kleine Dreiecke ausschneiden.
Die Zwiebel anrösten, Eierschwammerln und Schinken dazugeben und kurz gemeinsam rösten. Mit etwas Weißwein ablöschen und würzen.
Die Fülle auf die Teigstücke geben und die Ecken zusammenschlagen. Mit Ei bepinseln und mit den Kürbiskernen bestreuen. Im Backrohr bei 200 °C ca. 10 Min. backen.

Suppe
Alle Zutaten in einem Topf köcheln lassen. Die Kürbisstücke nach etwa 10 Min. herausnehmen, damit sie nicht zu weich werden. Suppe in der Küchenmaschine pürieren, durch ein Sieb abseihen.
In Suppentassen gießen, die Kürbisstücke einlegen, mit hochwertigem Kürbiskernöl beträufeln. Eventuell mit fein geschnittenem Schnittlauch bestreuen. Die Schinkenkipferln dazureichen.

Weintipp: klassischer spritziger Sauvignon blanc

Huhn mit Zwiebeln und Mandeln

4 Portionen

4 Hühnerkeulen, gehäutet, entbeint und halbiert
Salz, Pfeffer
Mehl
Olivenöl
1 weiße Zwiebel, in Streifen geschnitten
2 angedrückte Knoblauchzehen
je 2 Lorbeerblätter, Thymian- und Oreganozweige
1 Glas trockener Weißwein
4 EL gehackte Dosentomaten
½ l Hühnersuppe
100 g fein gehackte Mandeln
2 Knoblauchzehen, fein gehackt
1 Handvoll Petersilblätter, fein gehackt

Die Hühnerteile salzen und pfeffern, leicht mehlieren und im Olivenöl goldgelb bis hellbraun auf der Hautseite anbraten. Wieder herausnehmen, im selben Öl Zwiebel mit Knoblauch, Lorbeer, Thymian und Oregano ca. 10 Min. glasig dünsten. Mit Weißwein ablöschen und Dosentomaten sowie Hühnersuppe zugeben.
Die Hühnerstücke einlegen und alles auf kleiner Flamme 1 Stunde lang zugedeckt schmoren. Mandeln, Knoblauch und Petersilie vermischen und 10 Min. vor dem Servieren beigeben. Nochmals mit Salz und Pfeffer abschmecken.

Weintipp: kräftiger Neuburger oder klassischer St. Laurent

Gefüllter Bratapfel

4 Portionen

5 Boskop-Äpfel
150 g Butter
1 Msp. Zimt, Mark von ½ Vanilleschote
30 g Pinienkerne
1/8 l naturtrüber Apfelsaft
Saft von je ½ Zitrone und Orange
30 g Brösel
30 g geriebene Haselnüsse
80 g Marzipanrohmasse
2 EL Rosinen, 2 Stunden in Wasser eingeweicht
Staubzucker
1 EL in Butter geröstete Mandeln

Einen Apfel vom Kerngehäuse befreien, schälen und in dünne Scheiben schneiden. Die Scheiben in einer feuerfesten Form in 50 g Butter andünsten. Zimt, Vanille und Pinienkerne dazugeben, mit dem Apfel-, Zitronen- und Orangensaft aufgießen. Von den restlichen Äpfeln oben eine 1 cm dicke Scheibe (Deckel) abschneiden, die Äpfel bis auf 1 cm Wandstärke aushöhlen.
Die restliche Butter erhitzen, die Brösel und Haselnüsse darin leicht rösten, abkühlen lassen. Das Marzipan mit der Gabel gut zerdrücken und mit den Rosinen unter die Bröselmasse mischen. Die Masse in die Äpfel füllen. Die Apfelscheiben mit ihrer Marinade in eine feuerfeste Form füllen, die Äpfel daraufsetzen und mit reichlich Staubzucker und den geriebenen Mandeln bestreuen. Im vorgeheizten Ofen bei 180 °C 30 Min. lang garen.

Weintipp: Muskateller Auslese

Kürbis-Paprika-Suppe mit Schinkenkipferln

Am Olymp der Roten Rübe

Mit Schürze geht Olympiasieger **FELIX GOTTWALD** im **PFEFFERSCHIFF** an Bord. In der Kombüse übernimmt er zeitweise das Steuer und legt olympische Ringe aus Roten Rüben.

Die „Kombüse" im Restaurant Pfefferschiff ist überschaubar, um nicht zu sagen relativ klein für eine Restaurantküche. Etwa 15 Quadratmeter teilen sich die sechs Profiköche. Da sind keine weiten Wege erforderlich und jeder Handgriff sitzt bei Küchenchef Jürgen Vigne und seinem Team.
Ein Mann der weiten Wege bzw. Loipen war indessen Felix Gottwald. Im Laufe seiner aktiven Laufbahn als nordischer Kombinierer hat er wohl Millionen Kilometer in den Beinen gespeichert. Und wenn er nicht gelaufen ist, dann war er immer am Sprung – über den Schanzentisch und von Wettbewerb zu Wettbewerb. Seit seinem Rückzug aus dem Profisport gibt Felix Gottwald auch spannende Seminare. Heute aber ist der

FELIX GOTTWALD

(* 13. Jänner 1976 in Zell am See) ist mit drei Gold-, einer Silber- und drei Bronzemedaillen der erfolgreichste Sportler der österreichischen Olympiageschichte. Insgesamt gewann er in der nordischen Kombination 18 Medaillen bei Olympischen Spielen und Weltmeisterschaften, so viele wie kein Zweiter in seiner Sportart. Heute hält er Vorträge und Seminare, vorwiegend in der Therme Loipersdorf.

Pinzgauer selbst Lernender in der Pfefferschiff-Küche: „Ich bin daheim aber kein großer Kocher. Verhungern tue ich zwar nicht, Nudeln und Spiegeleier gehen grad. Wir waren halt viel auf Reisen und unterwegs wird man überall bekocht."

Heute kocht Felix Gottwald mit Jürgen Vigne ein Carpaccio von Roten Rüben, mit Kaffee verfeinert.

Als eingefleischter Vegetarier („Weil mir Fleisch nicht mehr so gut-tut") ist er von diesem Gericht begeistert. Er zerteilt die gekochten Erdäpfel, kratzt das Innenleben heraus und reibt etwas Muskatnuss dazu, walkt und knetet gefühlvoll die Kartoffelmasse. Dann geht es an das Handwuzeln der Gnocchi. Als routinierter Kapitän des Pfefferschiffs zeigt Vigne den Trick mit den kleinen Kartoffelröllchen: „Einmal leicht mit dem Daumen andrücken und dann über dieses Holzbrettl runterrollen lassen." Gottwald: „Ich hab gar nicht gewusst, dass man mit einem gerillten Terrassenholzstück Gnocchi machen kann. Wie viele Gnocchi schaffst du in einer Stunde? Bei mir kommen wir wahrscheinlich erst um Mitternacht zum Essen." Jürgen Vigne hilft also mit und erklärt, dass in den kleinen Gnocchi-Rillen die Sauce besser haften bleibt. Dann werden die Gnocchi in leicht wallendem Salzwasser gekocht, mit kaltem Wasser abgeschreckt und trockengelegt. Währenddessen macht sich Felix Gottwald an das Anrichten und legt mit den hauchdünnen Scheiben der Roten Rübe die olympischen Ringe.

Die Roten Rüben wurden zuvor mit Essig und eingelegten Kaffeebohnen

❝ Ich hab gar nicht gewusst, dass man mit einem gerillten Terrassenholzstück Gnocchi machen kann. ❞

FELIX GOTTWALD

mariniert. „Eine super Kombi", schwärmt der Kombinierer Gottwald, nachdem er heimlich davon gekostet hat. Vigne streut etwas Kaffeepulver über Gnocchi und Rüben. Bunte Essblüten aus dem eigenen Garten kommen noch als optischer Aufputz drauf. Und schließlich serviert Chefin Iris Vigne das olympische Gericht in die Gaststube. Als Gastgeber segeln Jürgen und Iris Vigne ihr Pfefferschiff in einer ganz familiären Stilrichtung: „Wir als Team und unsere Gäste sind eine Großfamilie. Und es muss allen Spaß machen." Viel Spaß hat es auch Felix Gottwald gemacht. Was er heute in der Küche gelernt hat? „Eigentlich alles. Und dass auch nur mit Wasser gekocht wird und der Teig nicht auf den Fingern klebt, wenn man die Gnocchi mit Mehl einreibt."

Spitzenkoch Jürgen Vigne ist voll des Lobes und bewundert die Konsequenz und Disziplin des Vollblutsportlers und Genießers Felix Gottwald. Wie Gott(wald) in Frankreich fühlt sich Felix beim Verkosten des Gerichts. Apropos Frankreich: Der Name Vigne klingt französisch und bedeutet „Rebe". Jürgen Vigne: „Ja, unser Name hat hugenottische Wurzeln. Ich komme aber aus Niederösterreich, wo bekanntlich ebenfalls guter Wein wächst." Apropos Wein: Auch Felix Gottwald liebt gute österreichische Weine: „Ja, da habe ich schon ein bissl Suchtpotenzial und drum gibt es bei mir während der Fastenzeit und im September keinen Wein und auch keinen geliebten Kaffee." Doch bei Kaffee macht Gottwald heute im Pfefferschiff eine Ausnahme und erklärt das mit Kaffee verfeinerte Rote-Rüben-Carpaccio zu seiner Leibspeise.

JÜRGEN VIGNE

(* 26. Juli 1975) erhielt seine Ausbildung zum Koch von Liesl Wagner-Bacher im Landhaus Bacher in Mautern/NÖ, wo er 1999 zum Souschef aufstieg. Seit 2001 war er Küchenchef im „Pfefferschiff" in Söllheim bei Salzburg unter Patron Klaus Fleischhaker, 2010 übernahm er das Haus als Pächter. Zahlreiche Auszeichnungen, u. a. als „Aufsteiger des Jahres 2015" vom renommierten deutschen „Bertelsmann-Restaurantführer".

Erdäpfelgnocchi mit Roten Rüben und Segafredo Maxxi

4 Portionen

Erdäpfelgnocchi
500 g mehlige Kartoffeln
200 g griffiges Mehl
2 Eigelb
2 EL braune Butter
Salz, Muskat, Parmesan

Rote-Rüben-Carpaccio
3 St. fertig gegarte Rote Rüben
1 EL Haselnussöl
2 EL Apfelessig von Gölles
Salz, Pfeffer
1 Msp. Xanthan
Segafredo-Maxxi-Espresso-Kaffeepulver

Erdäpfelgnocchi
Mehlige Kartoffeln gewaschen und mit Schale auf ein Blech mit Salz setzen und bei 200 °C ca. 60 Min. backen. Danach aus der Schale kratzen und durch eine Erdäpfelpresse drücken. Alle Zutaten schnell zu einem geschmeidigen Teig verarbeiten und zu Gnocchi formen. In reichlich Salzwasser so lange kochen, bis sie an der Wasseroberfläche schwimmen.

Rote-Rüben-Carpaccio
Haselnussöl, Gölles-Apfelessig, Salz und Pfeffer mit einer Messerspitze Xanthan glatt rühren. Die fertig gegarten Roten Rüben dünn aufschneiden und mit der Marinade bepinseln. Gnocchi auf dem Rote-Rüben-Carpaccio anrichten und zum Schluss noch mit Segafredo-Maxxi-Espresso-Kaffeepulver bestreuen.

Weintipp: mittelkräftiger Lagen-Sauvignon-blanc aus der Steiermark

Rosa gebratener Lammrücken mit Gremolata und Kaffeeöl

4 Portionen

2 Lammrücken, zugeputzt
Salz, Pfeffer

Gremolata
100 ml Olivenöl
geriebene Schale von je 1 Zitrone und Orange
50 g frischer Koriander, gehackt
1 Zehe Knoblauch, fein gehackt
Salz, Pfeffer

Kaffeeöl
100 g Segafredo-Kaffeebohnen
200 ml Olivenöl

Den Lammrücken mit Salz und Pfeffer würzen und rundherum in heißem Fett anbraten. Dann im Backrohr bei 100 °C auf ca. 54 °C Kerntemperatur garen.

Gremolata
Alle Zutaten miteinander verrühren und kalt stellen.

Kaffeeöl
Olivenöl leicht erwärmen und die Kaffeebohnen darin einen Tag lang ziehen lassen. Danach durch ein Sieb abgießen und in einem kleinen Glas oder Fläschchen kühl und lichtgeschützt aufbewahren.

Den fertig gegarten Lammrücken mit der Gremolata und dem Kaffeeöl anrichten.

Weintipp: kräftiger Syrah oder Zweigelt

Eingelegte Bananen

4 Portionen

200 g Mangomark
100 g Passionsfruchtmark
100 g Kokosmilch
20 g Zitronensaft
80 g Rohrzucker
Mark von 1 Vanilleschote
3 cl Rum
2 Bananen

Alle Zutaten außer Rum und Bananen aufkochen lassen und um ein Drittel reduzieren. Anschließend den Rum dazugeben, zum Schluss die Bananen in Scheiben schneiden und darin einlegen.

Weintipp: gereifter Ruster Ausbruch

Erdäpfelgnocchi mit Roten Rüben und Segafredo Maxxi

Fit und munter wie ein Fisch im Wasser

QUESTERS®
FEINE FISCHE
MARIAZELL

Im Alter von drei Jahren fing Alexander Quester „eigenhändig" seinen ersten Fisch. Es packte ihn der Fischvirus und ließ ihn nicht mehr los: „Fisch kommt bei uns zumindest dreimal in der Woche auf den Teller", Glücksgefühlsgarantie inklusive.

Nach dem Verkauf des familieneigenen Baustoffbetriebes verwirklichte Alexander Quester seinen Traum von einer eigenen Biofischzucht im Mariazeller Land. „Ein Bild im Kopf zum Leben zu erwecken", so Quester, „und ein Projekt, das mit allen Sinnen spürbar ist, umzusetzen, war die große Herausforderung. Die Ästhetik des Fisches, der Geruch, wenn dieser fangfrisch aus dem klaren Wasser kommt, und die Freude der Zubereitung begeistern den Naturliebhaber immer wieder aufs Neue.

Der Code des 21. Jahrhunderts wird die Reinheit und Natürlichkeit sein. Vertrautes erfahren, Echtheit und Authentizität sind mehr gefragt denn je. Wir sollten es nicht verabsäumen, eine Beziehung zu unseren Ressourcen aufzubauen und einen respektvollen und verantwortungsvollen Umgang zu pflegen. Geschmack und die Nähe zu heimischen Lebensmitteln und zur Natur müssen wieder erlebbar gemacht werden. Wenn mir bewusst ist, dass der Fisch auf meinem Teller in frischem, klarem Wasser schwimmt, drei Jahre benötigt, bis er sein Fanggewicht hat, und weiß, wo er aufgewachsen ist bzw. welche positiven ernährungsphysiologischen Eigenschaften dieser hat, werde ich ein anderes Bewusstsein und Interesse entwickeln. Vom Einkaufserlebnis über die Zubereitung bis zum gemeinsamen Essen mit der Familie oder Freunden habe ich dreimal die Chance auf ehrliche Glücksgefühle!
Meiner Frau und mir war vor allem die Sensibilisierung unserer Kunden und Geschäftspartner in Richtung heimischer Lebensmittel als Mittel zum Leben besonders wichtig", meint Alexander Quester.
„Für die Wahl des Standortes war die Qualität des Wassers ausschlaggebend. Kaltes, klares Trinkwasser aus dem Hochschwabgebiet speist die Fischzucht. Jeder Fisch genießt eine sorgsame und kontrollierte Aufzucht, denn damit geben wir unseren Kunden die Sicherheit, dass sie ein gesundes Produkt bekommen. Und die Kunden haben zahlreich angebissen, was inzwischen den Ausbau einer bestehenden Teichanlage samt Bruthaus erforderlich machte, hier erfolgen Auf-

zucht und Verarbeitung im Umkreis von vier Kilometern, echtes Slowfood mit Flossen. Unsere Fische vom Ei weg in glasklarem steirischem Wasser heranwachsen zu sehen bringt eine ganz besondere Magie mit sich", so Quester. Die Anlage, in denen sich mehrere tausend Saiblinge, Forellen und Huchen tummeln, ist nach biogerechten Kriterien gestaltet. Ein natürlich angelegter Fließkanal ersetzt die sonst üblichen Zuchtbecken.
Das Futter, das von Hand verfüttert wird, ist biozertifiziert. Echtheit und Authentizität, artgerechte und nachhaltige Produktion sind gefragter denn je. Diese Kriterien erfüllt Quester in seinem Betrieb mit Leidenschaft. „Fischzucht kann nur mit und nicht gegen die Natur betrieben werden", so das Credo Questers, dessen Betrieb mit dem Biozertifikat von Bio Austria Garantie ausgezeichnet wurde.
Die Variationen der fangfrischen Zuchtfische, nach verschiedenen Rezepturen gebeizt oder über Buchenholz geräuchert, begeistern nicht nur die Spitzengastronomie.
Bei der Qualität gibt's keine Kompromisse. Süßwasserfische aus guter Zucht lassen absolut keinen Unterschied zwischen Zucht- und Wildfang erkennen, ganz im Gegenteil. Der Konsum von Süßwasserfisch aus Betrieben wie jenem von Alexander Quester boomt gerade in Zeiten von zunehmender Verschmutzung der Meere und katastrophalen Zuständen in Betrieben, die sich der Massentierhaltung verschrieben haben.
Der Kreativität und den innovativen Ideen der Familie Quester sind keine Grenzen gesetzt. So entstanden die Mariazeller Fischwürstel, Saiblings-Mousse oder Süßwasserfisch-Sushi. Die Zukunft lässt einiges erwarten: „Wir werden mit unseren Rohstoffen immer ‚made in Austria' bleiben und ökologische und Nachhaltigkeitsaspekte forcieren."

Oliver & Oliver

Die beiden Olivers heißen **STAMM** und **HOFFINGER,** einer war Beachvolleyball-, der andere ist Fernseh(koch)star.

Du, Herr Stamm, pass auf, Folgendes: Wir müssen jetzt den Senf nehmen und den Fisch einstreichen und dann die Erdäpfelscheiben drauflegen, schau her einmal." – „Ja, leicht kreisend. Man merkt natürlich sofort, dass ich aus der Beauty-Branche komm", so Stamm, „denn auch die Haut des Fisches braucht Pflege." Die beiden Olivers, auch das merkt man sofort, sind vertraute Partner. Sie arbeiten öfter zusammen. Stamm: „Bei der Messe haben wir zusammen gekocht und beim Leiner, dabei hab ich mich schwer geschnitten. Die Leute haben die Rösti mit meinen Blutproben drauf gehabt. Ich kann eigentlich nur einmal im Jahr mit ihm arbeiten, denn bis zum nächsten Mal wächst alles wieder nach."

→

OLIVER STAMM

(* 25. Oktober 1966 in Wien) wurde sein sportliches Talent quasi in die Wiege gelegt, ist er doch der Sohn des ehemaligen Profifußballers Walter Stamm. Das Urgestein des österreichischen Beachvolleyballs wurde im Jahr 2000 nicht nur österreichischer Meister in seiner Disziplin, sondern er erreichte außerdem im gleichen Jahr in Sydney den neunten Platz bei den Olympischen Spielen. In der Disziplin „Volleyball" wurde er schon 1989 österreichischer Cupsieger. Der Sportler lebt in Klosterneuburg.

→ Heute ist es weniger gefährlich. Wir sind in einer sehr sachlichen Kulisse versammelt, nämlich im Kochstudio des Fernsehsenders PULS 4, in dem Oliver Hoffinger seine wöchentliche Kochshow dreht. Kochachterln werden serviert. Der Fisch ist mit Senf eingestrichen, Oliver H. legt dünne rohe Erdäpfelscheiben wie Schuppen darauf. Heikel ist es aber doch: Oliver S. soll den solcherart belegten Fisch in die Pfanne hauen, ohne dass die Schuppen herunterfallen. „Wie soll das funktionieren?", fragt er. H. zeigt es vor: Er hält die Pfanne über den Fisch, drückt diesen nach oben und wendet die Pfanne sehr schnell. Dann erst kommt das Öl in die Pfanne. S. versucht es ebenfalls, nur, das

Tempo ... die Schuppen kullern herum, H. muss reparieren. Apropos Öl, eine wichtige Lektion: „Oliver, welches Öl verwendest du?" fragt Oliver. „Olivenöl", antwortet Oliver. Und bevor es zum Zungenbrecher ausartet: „Wichtig ist, dass es kein teures Extra-vergine-Öl ist, denn das verbrennt sehr schnell. Es darf nicht zu grasig sein, weil es dann Hitze nicht aushält. Manchmal nehm ich auch Rapsöl, das ist besonders hitzebeständig." Mit „grasig" meint Hoffinger den Geschmack besonders feiner Öle, die aus grünen Oliven gewonnen werden. Sie verwendet man nur zum Würzen und für Marinaden. Die Olivenöle zum Braten sind zumindest teilweise raffiniert und enthalten weniger Omega-3-Fettsäuren. Sie schmecken weniger fein und sollten der Pfanne und nicht der

> „Für Pommes sollte man die Erdäpfelstäbchen zuerst bei 160 °C kurz blanchieren und dann bei 195 °C frittieren."
>
> OLIVER HOFFINGER

Salatschüssel vorbehalten sein. „Wenn das Öl zu rauchen anfängt, ist es kaputt", ergänzt Oliver H. Für Pommes frites sind kalt gepresste Öle ungeeignet. Und auch da hat Hoffinger einen Tipp parat: „Für Pommes sollte man die Erdäpfelstäbchen zuerst bei 160 °C kurz blanchieren und dann bei 195 °C frittieren." Der Schmäh rennt ununterbrochen, Oliver S. erzählt von seinen ersten sportlichen Erfolgen: „In der Schule in Strebersdorf haben wir im Volleyball zu zweit gegen fünf Lehrer gewonnen!" Oliver H.: „Heute würden wir nur gegen vereinte Küchenteams gewinnen, so wie Dick und Doof. Aber bei uns ist keiner dick." S.: „Nein, nur dumm und dümmer." – „Du, Schnucki, wir müssen das jetzt umdrehen. Das solltest du machen, aber so, dass es nicht gacki ausschaut." Hoffinger ist mittlerweile entfesselt und wir beenden deshalb die Übertragung der Originalzitate. Kochachterln werden serviert.

Die Senfgurken, die im Rezepttitel stehen, kommen nicht aus dem Glas, sondern werden selbst gemacht. Dazu wird eine Salatgurke geschält, entkernt (Oliver Stamm macht das mit einem Teelöffel), blanchiert und dann in Senfsauce kurz aufgekocht. Das Ergebnis hat zwar nichts mit den gewohnten Senfgurken zu tun, schmeckt aber großartig. Die beiden Olivers richten das Gemüse an und legen die Fischstücke darauf, dann werfen sie sich für den Fotografen in Ess-Pose. Dazu werden Kochachterln serviert.

OLIVER HOFFINGER

(* 30. Oktober 1970 in Wien) ist ein bekannter Fernsehkoch, der mit seiner Sendung „Koch mit! Oliver" seit 2008 regelmäßig im TV zu sehen ist (ab 2008 auf SAT.1 Österreich, aktuell auf PULS 4). Lernte im Do & Co im Haashaus in Wien und erkochte sich danach als jüngster Souschef Europas im „Vincent" 3 Hauben. Nach Stationen bei Wolfgang Puck und im eigenen Restaurant am Spittelberg (wieder 2 Hauben!) konzentriert er sich nun auf die Familie, eigene Kochbücher und seine Sendung.

Oliventarte

Dauer: 20 Min. / 2 Portionen

1 Pkg. Mürbteig
750 g fleischige Tomaten
240 g Ziegenfrischkäse
2 Knoblauchzehen
2 Schalotten
1 Bund Thymian
40 g Weißbrot
1 TL Pfeffer
200 g schwarze Oliven
5 EL Olivenöl

Die Tomaten in dicke Scheiben schneiden. Den Ziegenkäse ebenfalls in Scheiben schneiden. Knoblauch und Schalotten schälen. Beides klein schneiden. Den Mürbteig auf einem Backblech ausrollen und mehrmals mit der Gabel einstechen.
Aus dem Weißbrot Brösel machen und den Teig damit bestreuen. Tomatenscheiben und Ziegenkäse drauflegen und mit Schalotten, Knoblauch und Thymian bestreuen.
Mit Salz und Pfeffer würzen. Oliven darauf verteilen. Mit Olivenöl bestreichen und im vorgeheizten Rohr für ca. 45 Min. backen.

Weintipp: klassischer Sauvignon blanc

Saftige Lachsforellenfilets, garniert mit knuspriger Kartoffelkruste und würzigen Senfgurken

2 Portionen

400 g Lachsforellenfilets aus der Biofischzucht Alexander Quester in Mariazell
200 g Erdäpfel
1 Salatgurke
1 Jungzwiebel
¼ l Schlagobers
Senf
Petersilie
Olivenöl

1. Die Kartoffeln schälen und in ca. 2 mm dünne Scheiben schneiden.
2. Die Haut von den Lachsforellenfilets entfernen, mit Salz und Pfeffer würzen und mit dem Senf auf der Oberseite bestreichen.
3. Jetzt das Lachsforellenfilet mit den Kartoffelscheiben belegen. Auf einem Backblech Alufolie ausbreiten, einen Schuss Olivenöl daraufgeben und den Fisch in das Öl legen.
4. Den Fisch nun mit Olivenöl beträufeln und bei 250 °C für 6 Min. ins Backrohr geben.
5. Die Gurke schälen, halbieren, entkernen, in dünne Scheiben schneiden und für eine Minute in kochendes Wasser geben. Die Gurken abseihen und mit eiskaltem Wasser abschrecken.
6. Das Schlagobers aufkochen lassen und die in dünne Streifen geschnittene Jungzwiebel hinzufügen.
7. Die Gurken zum Schlagobers geben und mit Salz, Pfeffer, Senf und der zerkleinerten Petersilie abschmecken. Das Ganze kurz aufkochen lassen.
8. Die fertigen Senfgurken auf einem Teller anrichten, den Fisch darübergeben und genießen!

Weintipp: kräftiger Grüner Veltliner Reserve

Gratinierter Sticky Rice mit Litschi & Mango

Dauer: 20 Min. / 2 Portionen

¼ l Kokosmilch
½ Tasse Klebreis
1 Prise Salz
1 Passionsfrucht
1 Mango
10 Litschis
4 EL brauner Zucker
1 Limette
1 Handvoll Minze
etwas Staubzucker

Den Reis waschen und mit Kokosmilch, etwas Zucker und Salz sowie der Passionsfrucht weich kochen.
Mango und Litschis klein schneiden und vermischen.
In eine gefettete Form geben, mit den geschnittenen Früchten belegen und mit braunem Zucker bestreuen.
Im Rohr bei Grillfunktion überbacken.
Mit Zucker bestreuen und mit Limette, Minze und Staubzucker dekorieren.

Weintipp: Traminer Beerenauslese

Saftige Lachsforellenfilets, garniert mit knuspriger Kartoffelkruste und würzigen Senfgurken

Das blühende Leben

Snowboarderin **JULIA DUJMOVITS** und Ruderer **BERNHARD SIEBER** kochen gern gemeinsam. **JACQUELINE PFEIFFER,** langjährige Chefin im Grand Hotel am Wiener Ring, konnte ihnen noch etwas beibringen.

Gut gelaunt und knackig gebräunt erscheinen die beiden jungen Sportler Julia Dujmovits und Bernhard Sieber in der Leiner-Showküche in Wien-Mariahilf. „Heute kochen wir ein Wildblütenrisotto mit einer Maiwipferlsauce", erklärt Haubenköchin Jacqueline Pfeiffer, die zum Zeitpunkt dieses Koch-Rendezvous noch nicht sagen will, auf welcher Bühne sie nach ihrem Abgang vom Grand Hotel, nach zwölf Jahren, ihre Fähigkeiten ausstellen würde. Sie verteilt sogleich die Aufgaben: „Bitte den Parmesan reiben und die Schalotten schälen und schneiden."
Routiniert nimmt der Ruderer die Zwiebeln in Angriff. Eindeutig erkennbar: für ihn kein Neuland. „Ich koche →

JULIA DUJMOVITS UND BERNHARD SIEBER

Julia Dujmovits (* 12. April 1987 in Güssing) und Bernhard Sieber (* 6. Juni 1990 in Wien) kamen mit 5 (Julia) bzw. 13 (Bernhard) zum Sport. Ihre Erfolge: Olympiasieg im Parallelslalom 2014 in Sotschi und Silbermedaille im Parallelriesenslalom bei den Weltmeisterschaften 2013. Seine Erfolge im Doppelzweier mit seinem Bruder Paul: 5. Platz bei der EM 2013, 1. Platz bei der Universiade 2013.

extrem gern. Es macht aber auch voll Spaß, miteinander zu kochen", meint der 24-Jährige mit Blick auf seine Freundin. „Ich ernähre mich mehr nach einem Ruderer-Plan", bestätigt die Snowboarderin schmunzelnd. Bernhard weiß, informiert von seiner Physiotherapeutin, genau, welche Lebensmittel mit welchen Vitaminen und Spurenelementen er pro Woche braucht, komponiert diese aber dann nach Lust und Laune selbst. Fleischtiger ist Bernhard keiner: „Maximal dreimal in der Woche."

Gut so, denn Julia ist seit den Olympischen Spielen in Sotschi im Februar Vegetarierin. „Die Gerichte im Hotel in Russland haben alle gleich geschmeckt, darum hab ich das Fleisch dann ganz weggelassen", schildert die 27-Jährige die Verköstigung bei Olympia. Mit einer Ausnahme: „Im Österreich-Haus war das Essen voll gut.

Pfeiffer teilt Julia zur weiteren Verarbeitung die Blüten zu: „Hier haben wir Oreganoblüten, Seifenblumen, Borretsch, Kapuzinerblüten, Schafgarbe, Boxhornklee, Ehrenpreis, Tagetesblüten, Rosenblüten, Kornblumen und Gurkenblüten. Bis auf die Gurkenblüten bringt das alles meine Tante aus dem Waldviertel." Und Dujmovits beginnt zu zupfen. „Von den Rosenblüten nicht zu viel nehmen, sonst wird's zu intensiv. Eine schöne Mischung halt", ordnet Jacqueline Pfeiffer an.
„Wie schauen wir aus mit den Schalotten?", ruft sie in Bernhards Richtung und

“Alkohol? Gewusst wann, gewusst wie.”

BERNHARD SIEBER

nickt nach einem kontrollierenden Blick zufrieden: „Ja, da geht was weiter.“ Fragt dann die beiden Sportler: „Risotto ist für euch kein Thema, oder?“ – „Doch, wir kochen gern Champignonrisotto mit einem guten Weißwein.“ Das macht Pfeiffer neugierig: „Das wollt ich euch eh fragen: Wie schaut's bei euch mit Alkohol aus?“ Bernhard, wie aus der Pistole geschossen: „Gewusst wann, gewusst wie.“ Er grinst verschmitzt. „In der Vorbereitungszeit nicht, aber nach einem guten Rennen ja“, stimmt ihm die Olympiasiegerin zu.

„Wir starten jetzt mit dem Risotto“, ruft Pfeiffer wieder zur Arbeit. „Dreimal wird es mit Weißwein abgelöscht, immer so, dass das Risotto gerade noch bedeckt ist. Je weniger Flüssigkeit, desto besser fürs Risotto. Dann geht der Geschmack intensiver ins Korn rein.“ – „Merkt man, ob's ein guter Wein ist?“, will Julia wissen. „Man merkt, ob es der richtige ist: spritzig, trocken, nix Fruchtiges“, erklärt Pfeiffer. „Risotto braucht Zeit. Und man muss dabeistehen. Vom Rand immer schön die Körner reinholen. Durchs ständige Rühren kriegt es die Sämigkeit.“ Zum Schluss fügt sie Butterwürfel und Parmesan hinzu. „Jetzt müssen wir's nur mehr anrichten. Ein paar Blüten kommen hinein – sie werden ganz leicht untergehoben – und ein paar on top. Dann die Maiwipferlsauce drübergeben. Voilà, fertig.“

Jetzt wird verkostet. „Boa, ist das geil!“, platzt es aus Bernhard heraus. Nachdem kein Körnchen mehr zu sehen ist, fragt Pfeiffer: „Bernhard, willst du noch eine zweite Portion?“ – „Ja, gern.“ Da meldet sich auch Julia wieder: „Ich hätte bitte auch noch gern was.“

Und dann? Ja, dann geht's für die beiden Heeresspitzensportler ab zum Training. Solch tolle Körper bekommt man schließlich nicht von selbst.

JACQUELINE PFEIFFER

(* am 24. Juni 1975 in St. Pölten, aufgewachsen in Lilienfeld) hat nach ihrem Schulabbruch eine Kochlehre im „Le Ciel“ (Grand Hotel) und im Schnellrestaurant Wigast am Naschmarkt gemacht. Sie war sechs Jahre im Ausland (Deutschland, Schweiz), von 2002 bis 2014 wieder im Le Ciel, seit 2003 als Küchenchefin.

2 Hauben; Köchin des Jahres 2012; arbeitet mit 40 bis 60 Blüten und Kräutern.

Büffelmozzarella mit Wassermelone, Tomate und Schüttelbrot

4 Portionen

Schüttelbrot
25 g Mehl
5 g Hefe
1/16 l Wasser

5 St. Büffelmozzarella
250 g Wassermelone, 150 g Strauchtomaten
Himbeeressig, Fudasöl
Fleur de Sel (ersatzweise normales Meersalz)
schwarzer Pfeffer, frisch gemahlen
0,5 g Fenchelsamen
1 Tasse Erbsensprossen

Die Zutaten für das Schüttelbrot verkneten, den Teig kurz gehen lassen. Auf ein mit Backpapier belegtes Backblech streichen, mit den Fenchelsamen bestreuen und bei 180 °C 15–20 Min. backen.
Aus der Wassermelone 2 × 2 cm große Würfel schneiden (25 St.). Die Tomaten blanchieren und vierteln, auch den Mozzarella vierteln. Wassermelone und Tomaten mit Himbeeressig, Fudasöl und Fleur de Sel marinieren.
Das Schüttelbrot brechen, den Mozzarella mit schwarzem Pfeffer bestreuen.
Die Erbsensprossen durch die Schüssel mit der Marinade und Tomaten, Wassermelone und Mozzarella ziehen. Gefällig anrichten.

Weintipp: Winzersekt mit leichter Restsüße

Blütenrisotto mit Maiwipferlsauce

4 Portionen

320 g Risottoreis
4 Schalotten
80 ml Olivenöl
ca. 450 ml Weißwein
ca. 600 ml Geflügelfond
80 g kalte Butterwürfel
120 g Parmesan, gerieben
250 g Steinpilze
Maiwipferlsirup (Alternative: Ahornsirup)

Blüten und Kräuter: Eine Auswahl von Duftpelargonie, Rose, Orangentagetes, Taubennessel, Ysop, Kornblume, Lavendel, Kapuzinerblüte, Bärlauchblüte, Schafgarbe, Oregano, Hornklee; je nach Saison und Geschmack. Insgesamt benötigt man davon 2–3 EL pro Person. Wichtig ist, dass man sich mit der Geschmacksintensität der einzelnen Aromaten beschäftigt. Von manchen kann man viel hineinmischen, andere wieder nur sehr sparsam verwenden. Von den Blüten werden nur die Blütenblätter verwendet.

Den Reis mit etwas (nicht alles auf einmal zugeben) Geflügelfond erhitzen und den Parmesan unterrühren. Innerhalb von ca. 20 Min. nach und nach den restlichen Fond angießen, ohne das Risotto zu überfluten (immer nachgießen, wenn der Reis alle Flüssigkeit aufgenommen hat). Nun wird die Butter mit einem Kochlöffel einmontiert. Das Risotto leicht salzen (Vorsicht: Manche Aromen heben den Salzgehalt!).
Die Steinpilze in Butterschmalz anbraten, salzen und pfeffern, den austretenden Sud mit dem Maiwipferlsirup binden.
Drei Viertel der Blüten und Kräuter kurz vor dem Anrichten vorsichtig unter das Risotto heben. Anrichten und mit den restlichen Aromaten bestreuen. Die Steinpilze dazulegen.

Weintipp: kräftiger Neuburger oder klassischer St. Laurent

Sauerklee mit Crème de Bresse, Baiser, Himbeeren und Vanilleeis

4 Portionen

ca. 27 g Eiweiß
6 g Kristallzucker
7 g Maizena
47 g Staubzucker
150 g Vanilleeis
200 g Crème de Bresse (oder Crème fraîche)
½ Blatt Gelatine
180 g Himbeeren
1 Tasse Sauerklee

Baiser
Eiweiß mit Kristallzucker aufschlagen, Maizena mit Staubzucker sieben und nach und nach in die Masse rühren, das Ganze dann 30 Min. lang schnell schlagen. Anschließend in einen Spritzbeutel füllen und regelmäßige Staberln aufspritzen, am besten auf eine Silikonmatte, ansonsten auf ein Backpapier. Bei 50 °C im Ofen trocknen lassen (mind. 3 Stunden).
Die Crème de Bresse mit der eingeweichten/aufgelösten Gelatine versetzen, kalt stellen. Himbeeren und Sauerklee durchschauen, alles gemeinsam in Schüsseln oder Gläsern anrichten.

Weintipp: Klöcher Traminer, halbtrocken

Blütenrisotto mit Maiwipferlsauce

Timing ist alles

Antistresstraining für den Fisch? Das überrascht den ehemaligen Alpinskirennläufer **HANS KNAUSS** dann doch. Haubenkoch **KONSTANTIN FILIPPOU** hingegen zeigt sich verwundert über die Kochkünste seines Schützlings: Vom „Schlauchsteak" hat selbst der Profi noch nichts gehört. Letztlich kommen die zwei doch auf einen grünen Koch-Zweig, denn Timing ist sowohl im Sport als auch in der Küche alles.

Hans Knauß kann kochen, sogar Dinge, die nicht einmal der Profikoch kennt: „Ich kann Rührei, Schlauchsteak ..." – „Was ist Schlauchsteak?", fragt Konstantin Filippou. „Frankfurter Würstel." Ach so, doch nicht so ein Experte. Obwohl er gleich fragt, woher der vorbereitete Heilbutt kommt. Filippou: „Aus dem Nordatlantik." Knauß: „Sehr gut. Kalt und frisch." Ein wenig Produktkunde hat er drauf. Er und seine Frau, die zuhause vernünftigerweise fürs Essen zuständig ist, kaufen nämlich sehr bewusst ein: „Wir kaufen immer das ein, was gerade auf dem Markt angeboten wird. Wir haben das Glück, dass es bei uns jeden Freitag einen Bauernmarkt gibt. Mit den Sachen von dort kommen wir immer eine Zeit lang drüber. Dann haben wir in der Nähe einen Bauern, der selbst schlachtet. Da ist für mich das gesunde Leben daheim. Was leider bei uns wirklich fehlt, so vom Herbst bis zum März, ist das frische Gemüse. Ich sag meiner Frau immer, sie soll aufpassen, was sie da kauft. Für mich sind grade Jänner, Februar und März, wenn ich die meiste Energie brauche, die schwierigsten Monate, weil ich so wenige Vitamine frisch bekomme. Da ist man in der Stadt schon besser dran."

Konstantin Filippou zeigt Hans die Zutaten für das zu kochende Fischgericht. Dabei erregt ein kleines Schüsserl mit grünen Körnchen Knauß' Aufmerksamkeit: „Sind das Kräuter?" Nein, es ist Brokkoli. Ein kleiner Filippou-Trick: Er schabt vom Brokkoli, aber auch vom Karfiol die kleinen Körner von den Stängeln ab und gibt sie beispielsweise als „Couscous vom Brokkoli" zu den Gerichten. Und gleich noch ein Trick: Nachdem der Fisch filetiert und gewürzt ist (Filippou nimmt dafür nur Salz, keinen Pfeffer), gießt er ein wenig Olivenöl in die Pfanne, die auf dem geradezu altertümlichen Großherd über dem Gasfeuer steht, und salzt das Öl: „Das verhindert, dass der Fisch anklebt." Dieser Profischmäh wird von allen Anwesenden

sofort notiert. Der Fisch kommt in die Pfanne, brät dort kurz heftig, dann wird die Pfanne an den Herdrand geschoben: „Wenn man den Fisch bei zu starker Hitze fertig brät, kommt das Fleisch in Stress." Und das kann natürlich niemand wollen. Hans Knauß muss mit ein wenig Thymian nachwürzen.
Er weiß, was weiter zu geschehen hat: „Wir nehmen ihn jetzt von der Hitze weg und machen das Gemüse. Timing ist in der Küche genauso wichtig wie im Skirennsport." Und wendet sich den Roten Rüben zu: Die Stücke werden in Rot- und Portwein glaciert, ein recht zeitaufwendiger, aber technisch einfacher Prozess. Dann geht es an das oben erwähnte Brokkoli-Couscous: „Du bist ja eh ein Profi", kommentiert Filippou die Bemühungen von Knauß, die „Perlen" von den Brokkoli-Stielen zu schaben. Die Erbsen dazu werden aus dem Kühlschrank geholt, sind aber keine Industrieware. Im „Filippous" werden im Frühjahr frische Erbsen aus den Schoten gelöst und für den Bedarfsfall selbst eingefroren. „Das ist ein Spleen von uns. Wir haben hinten einen Schockfroster, da können wir alles optimal einfrieren. Wenn wir das selbst machen, bleibt das Aroma besser erhalten." Und Knauß erkennt: „Das ist halt der Unterschied zwischen einem Restaurant und einem Top-Restaurant." Und nochmals Filippou: „Ich versuche natürlich immer, saisonal zu arbeiten, aber in manchen Zeiten hilft uns das schon. Gerade in den Wintermonaten, wenn man hierzulande kaum etwas Frisches bekommt." Und gleich noch ein Tipp über das Salzen mit Öl, den alle notieren: „Mit einem guten Olivenöl spart man Salz. Die meisten machen den Fehler, nachzusalzen. Das Öl stammt ja aus Salzgebieten und beim Kochen kitzelt man das Salz heraus. Der Geschmack ist dann nicht salzig aggressiv, sondern sehr ausbalanciert und hat viel mehr Volumen."

> „Das ist halt der Unterschied zwischen einem Restaurant und einem Top-Restaurant."
> HANS KNAUSS

Hans Knauß schaut bei all dem gern zu, aber die Gewissheit wächst: Das Gelernte wird zuhause wohl seine Frau umsetzen. Wenn er es korrekt reportiert. Und sonst gehen die beiden halt in ihre Schladminger Lieblingslokale, in die „Tischlerei" zum Beispiel oder, speziell in der Jagdzeit, zum Tetter in Rohrmoos, den es schon seit 1910 gibt.

HANS KNAUSS

(* 9. Februar 1971 in Schladming) ist ehemaliger alpiner Skirennläufer. Sowohl im Riesenslalom und im Super-G als auch in der Abfahrt zählte der zweifache Familienvater mehrere Jahre lang zu den Besten der Welt. Der zweifache österreichische Meister holte während seiner sportlichen Karriere im Jahr 1998 Olympiasilber und wurde 2003 Vizeweltmeister. 1999 gewann er WM-Bronze. Seit Oktober 2005 ist er als Co-Kommentator bei alpinen Skirennen für den ORF tätig.

KONSTANTIN FILIPPOU

Wurde in Graz als Sohn eines Griechen und einer Österreicherin geboren. Es mag am multikulturelle Zusammenschluss seiner Eltern und am mediterranen Einfluss seiner Kindheit gelegen haben, dass sich der Haubenkoch schon sehr früh dazu berufen fühlte, die Geschmäcker seiner Kindheit selbst reproduzieren zu können. Nach Stationen im Hotel Unterhof in Filzmoos oder im Restaurant Obauer leitet er nun sein eigenes Restaurant in der Dominikanerbastei im ersten Bezirk in Wien.

Pochiertes Ei, Kren, Pata negra, Schnittlauch

4 Portionen

4 Eier
Kren
250 g Pata negra, fein aufgeschnitten
1 Bund Schnittlauch

Krenschaum
1 Schalotte
1 EL Olivenöl
½ l Wasser
½ l Obers
1 EL handwarme Butter
4 EL geriebener Steirer-Kren
1 Prise Salz

Die Eier (nicht direkt aus dem Kühlschrank, sondern Zimmertemperatur) in ein warmes Wasserbad legen. Das Wasserbad sollte eine konstante Hitze von 65 °C haben. Die Eier 60 Min. garen. Aus dem Wasserbad nehmen und warm halten (z. B. in einem Tuch).

Schalotte fein hacken und im Olivenöl weich dünsten. Obers mit Wasser zur Hälfte reduzieren, gehackte Schalotte beimengen, Butter, Salz und Kren untermischen und mit einem Stabmixer zu einem Schaum mixen.

Das Ei schälen und direkt in eine tiefe Schüssel legen, den aufgeschäumten Krenschaum untergießen, Pata negra auf das Ei drapieren, mit geschnittenem Schnittlauch garnieren und mit etwas Olivenöl beträufeln.

Weintipp: GV Smaragd (ohne Botrytis) oder DAC Reserve GV

Gebratener Heilbutt, Rote Rüben, Senf, Brokkoli

4 Portionen

4 Tranchen Heilbutt (140 g) ohne Haut und Gräten
Salz, Pfeffer, Mehl, Öl
4 St. mittelgroße Rote Rüben
2 St. Brokkoli (mittlere Größe)

Orangen-Senf-Butter
100 g Butter
1 TL Senfkörner
3 unbehandelte Bio-Orangen (= 150 ml Orangensaft)
50 g Honigsenf

Die Roten Rüben mit einem Zylinderausstecher rund ausstechen und auf einer Aufschnittmaschine 2 mm dünne Scheiben herunterschneiden. Dann im Salzwasser bissfest kochen. Brokkoliröschen vom Brokkoli schneiden, den Strunk schälen und in ein Rechteck zuschneiden. Brokkoli in Salzwasser bissfest kochen und kalt abschrecken. Den Strunk der Länge nach mit der Aufschnittmaschine 2 mm dick aufschneiden, auf einen Teller legen und mit etwas Olivenöl und Salz beträufeln.

Butter in einem Topf zerlassen und die Senfkörner beigeben. Den Orangensaft zugießen, aufkochen und bei mittlerer Hitze den Senf beimengen. Mit einem Kochlöffel oder Schneebesen zu einer glatten, homogenen Masse verrühren.
Das Heilbuttfilet mit Salz und Pfeffer würzen und leicht mehlieren. In einer mit Öl erhitzten Pfanne beidseitig scharf anbraten und bei mittlerer Hitze ziehen lassen. Etwas Butter zugeben.
Den Fisch auf dem Teller mittig anrichten. Die Brokkoliröschen drumherum legen und den Strunk – nach Belieben – drapieren. Mit der Orangen-Senf-Butter untergießen – und genießen.

Weintipp: kräftiger Chardonnay oder Weißburgunder

Brioche gebraten, Honig-Cidre, Apfelwürfel

4 Portionen

Brioche vom Bäcker Ihres Vertrauens (alternativ: ein guter Striezel)
250 ml Milch
250 ml Sahne
2 Eier
100 g Zucker
Butter zum Braten
1 saurer Apfel

Honig-Cidre
50 ml Honig
½ Vanilleschote
20 ml Apfelsaft natur
80 ml Cidre

Die Zutaten mixen, die Brioche in Rechtecke schneiden und in der Flüssigkeit einweichen, bis es durchtränkt ist. Dann abtropfen lassen und anbraten.

Alles zusammen einmal aufkochen und passieren.

Apfelwürfel
Einen Apfel in Würfel schneiden und im Honig-Cidre bissfest garen.

Anrichten
Die angebratene Brioche auf den Teller setzen. Die Apfelwürfel beilegen und mit Honig-Cidre-Fond untergießen.

Weintipp: Scheurebe-Beerenauslese

Gebratener Heilbutt. Rote Rüben. Senf. Brokkoli

philipp
DAS RESTAURANT
philipp
DAS RESTAURANT
Mayer

Grillen mit Gefühl

MATTHIAS MAYER isst gern und kocht auch selbst, vor allem Steak. Da kam ihm das Fest in seinem Heimatort Afritz gerade recht. Mit Haubenkoch **PHILIPP PRODINGER** grillte er für 500 Fans. Wir nützten die Gelegenheit, um zu kiebitzen.

Immer wenn Skirennen über den Fernsehschirm laufen, ist der kleine Kärntner Ort Afritz wie leer gefegt. Natürlich auch am 9. Februar 2014, als Matthias Mayer als Olympiasieger in der Abfahrt abschwang. Grund genug für eine gescheite Feier. Darin haben die Afritzer schließlich Übung, denn schon Helmut Mayer, der Vater von Matthias, holte Olympia- und WM-Silber.
Und wie feiert es sich am besten? Beim gemütlichen Zusammensitzen. In Afritz ein kollektives Ereignis des halben Ortes, rund 500 Fans kamen zum Grillfest. Und Matthias Mayer arbeitete mit. „Fleisch braten kann ich", dachte er sich und legte Hand an die heißen Platten, gemeinsam mit Philipp Prodinger, Küchenchef im „Seewirt" auf der Turracher Höhe. Seine französisch angehauchte Küche stand diesmal aber nicht auf dem Speiseplan, der Haubenkoch gab Biojungrinderrücken, Black-Tiger-Garnelen, Minibernerwürstel, Cevapcici, Curryspießchen und Schweinsrückensteaks die professionelle Note. Als Beilage wurden klassisch gut Folienkartoffeln, Maiskolben, Knoblauchbaguette und Grillgemüse serviert. Eine Menge Arbeit für ein lockeres Sommerfest.
„Gibt es Steak, steht immer der Matthias an der Pfanne. Keiner in unserer Familie hat so ein gutes Gefühl für das feine Braten", verriet Margret Mayer, Mutter und Managerin.

→

Der Olympiasieger leistete sich folgerichtig keinen Einfädler und packte an allen Stationen fachkundig an. Garnelen und Spießchen wenden, Beiried hauchdünn portionieren, Würste auflegen, Gemüse grillen – alles perfekt. Und den Gästen schmeckte es, die Schlange am „Mothl-Stand“ riss nicht ab. „Matthias hat Talent“, bestätigt Philipp Prodinger, „aber das wundert mich nicht. Jemand, der gern gut isst, hat auch ein Gefühl fürs Kochen.“
Auf dem Speiseplan stehen beim Olympiasieger oft Reis und Gemüse aus dem eigenen Familiengarten, das meiste natürlich schonend gedünstet. Zweimal pro Woche darf es Fleisch und ein bisschen Fisch sein, dazu eine Menge Salat. Für die Nudeln kocht Matthias Mayer spezielle Saucen. „Matthias ist da sehr einfallsreich“, sagt die Mama, „er kreiert seine Gerichte ganz individuell mit dem, was an Zutaten gerade da ist. Kochrezepte verwendet er keine.“ Misslungen ist ihm noch nichts, „aber wahrscheinlich deshalb, weil ich schon vorher abschätzen kann, was ich nicht kochen kann“, meint Matthias.

> „Gibt es Steak, steht immer der Matthias an der Pfanne. Keiner in unserer Familie hat so ein gutes Gefühl für das feine Braten.“
>
> MARGRET MAYER, MUTTER UND MANAGERIN

Burger spielt es in der Sportlerernährung weniger: „Dafür aber die Dinkel-Kasnudeln von der Oma.“ Nicht das einzige Lieblingsgericht, das Familientradition hat, auch Forelle, Lasagne und Putenragout gehören dazu. Auf seinen privaten Reisen oder wenn er eine lange Weltcupsaison unterwegs ist, muss er allerdings ohne die Kasnudeln auskommen. Ob dann auch einmal etwas Exotisches auf den Teller kommt, gegrillte Heuschrecken zum Beispiel? „Noch nie probiert, aber wenn es die Spezialität in dem jeweiligen Land ist, warum nicht?“

PHILIPP PRODINGER

(* 13. November 1984 in St. Veit/Glan) holte sich die Tiefenschärfe bei Österreichs Grande Dame Johanna Maier in Filzmoos und bei Roland Trettl im Salzburger Hangar-7. Stationen waren auch die 2-Hauben-Betriebe „Schloss Fuschl“ und der „Steirerhof“ in Bad Waltersdorf, in Atlanta arbeitete er bei Bocuse-Schüler Joël Antunes. Auf der Turracher Höhe kocht er nun im elterlichen Seewirt im „Restaurant Philipp“ auf Haubenniveau.

MATTHIAS MAYER

(* 9. Juni 1990 in St. Veit/Glan) 2014 war sein großes Jahr mit Olympiagold in der Abfahrt in Sotschi und einem Weltcupsieg in der letzten Abfahrt der Saison. Seit 2011 steht er im A-Kader des ÖSV, 2011/12 absolvierte er seine erste volle Weltcupsaison. Im Super-G-Weltcup 2012/13 wurde er Gesamtdritter, im Abfahrtsweltcup 2013/14 Gesamtfünfter und bei der Junioren-WM 2008 holte er im Super-G die Silbermedaille.

philip
DAS RESTAURA

philip

Asiatisch angehauchte Garnelen vom Grill

10 Portionen

50 g Ingwer
50 g Knoblauch
50 g Zitronengras
50 ml Fischsauce (Asiashop)
1 rote Chili
50 ml Pflanzenöl
4 Limetten
1 EL 5-Gewürze-Pulver (Asiashop)
2 kg frische Garnelen, Größe 8/12, mit Schale (nicht gefroren)
Salz

Ingwer, Knoblauch und Zitronengras schälen bzw. zuputzen, mit Fischsauce, Chili und Öl fein reiben oder pürieren.
Saft und Abrieb der Limetten und 5-Gewürze-Pulver hinzufügen.
Die Garnelen entdärmen, mit der Sauce marinieren und einige Stunden in den Kühlschrank stellen.
Am Gas- oder Kohlengrill glasig (nicht 100 % durch) grillen.

Weintipp: Grüner Veltliner Reserve

Roastbeef, im Smoker gegart

10 Portionen

1 Simmentaler Beiried (ca. 4–5 kg)
Fleur de Sel (oder Meersalz)
Pfeffer aus der Mühle
Dijonsenf

Den Smoker mit Kohle vorheizen.
Das Fleisch grob zuputzen, etwas Fett als Geschmacksgeber dranlassen.
Mit etwas Dijonsenf, Fleur de Sel und Pfeffer aus der Mühle würzen. Im Smoker bei größerer Hitze kurz anbraten und wieder ruhen lassen.
Den Smoker auf 90 °C bringen. Das Fleisch unter öfterem Wenden auf 54 °C Kerntemperatur bringen (den Kerntemperaturfühler an der dicksten Stelle einstechen).
Ruhen lassen, tranchieren und die Schnittflächen mit etwas Fleur de Sel würzen.

Weintipp: kräftiger Zweigelt aus dem Burgenland

Valrhona-Schokolade-Pizza vom Grill (Gas)

10 Portionen

120 g geschmolzene Zartbitterschokolade
100 g weiche Butter
55 g Staubzucker
5 Dotter
2 Eiweiß
90 g Mehl
120 g fein geriebene Mandeln

Valrhona-Schokolade-Pellets
weiße Schokolade sowie dunkle mit 50 %, 60 % und 70 % Kakaoanteil

Dotter mit Butter und Staubzucker schaumig vermixen und mit der Schokolade verrühren. Eiweiß zu Schnee schlagen. Mehl und Mandeln in die Dotter-Schoko-Masse einrühren, Schnee zärtlich unterheben.
Auf ein Blech mit Backpapier dünne runde Scheiben (Durchmesser: 8 cm) schneckenförmig aufdressieren, im vorgeheizten Griller ca. 10 Min. bei 160 °C backen. Abkühlen lassen.
Mit den Pellets nach Laune belegen, im Griller schmelzen lassen.
Am besten mit Sauerrahm-Eiscreme, geschlagenem Obers und frischen Himbeeren servieren.

Weintipp: Zweigelt Strohwein

Roastbeef, im Smoker gegart

Kulinarisch geerdet

Als Behindertensportlerin **CLAUDIA LÖSCH** im Restaurant des Hotels For Friends bei Seefeld an den Herd rollt, wirkt sie ganz energisch. Küchenchef **RAINER GUGL** ist darob voller Bewunderung, am Herd mahnt er aber Bodenhaftung ein.

Barrieren scheint es für Claudia Lösch keine zu geben. Sie „springt" mit dem Rolli ins Steinbett, zieht sich kraftvoll auf die einen Meter hohe Brüstung der Hotelterrasse hinauf. „Der Dürerblick", weist Rainer Gugl auf die außergewöhnliche Aussicht weit ins Inntal. In einem „Urselfie" hat sich Albrecht Dürer vor 500 Jahren genau mit diesem Hintergrund verewigt. Die Sportlerin weiß derartige kulturelle Bezüge zu schätzen. Sie moderiert im Fernsehen („Ohne Grenzen", ORF III) und hat ihr Studium der Politikwissenschaften nahezu abgeschlossen.

Das stufenfreie Terrain und die weitläufige Küche von Österreichs jüngstem Fünfsternehotel machen Claudia Lösch das Leben leichter. Und hart wird auch die Zubereitung nicht. „Ich bin gegen sinnlose Mätzchen. Das Beste wächst, grast, schwimmt oder fliegt vor der Haustür", umreißt Gugl seine Philosophie. Einen Tiroler Klassiker wird er mit Lösch im For Friends kreieren: Tiroler Wirler, einen Erdäpfelschmarren. Zuerst gilt es, in der Küche die Hürde Arbeitsplattenhöhe zu nehmen. Zunächst muss sich die 25-Jährige erst auf einen beigestellten Barhocker hieven – für ihre vom täglichen Training gestählten Muskeln kein Problem. Lösch nimmt Gugl sofort die Reibe aus der Hand, um selbst die Erdäpfel in die notwendige Konsistenz zu bringen. „Pass auf, auch wenn die Finger wieder nachwachsen", zeigt der Chefkoch auf seine Wunden des Alltags. „Meine Narben sind vom Entenbraten", kontert die Sportlerin mit kleinen Brandmalen am Arm.

Rasch nimmt der Wirler in der Pfanne dank etwas Butter Gestalt an. Mit etwas Mehl vermischt, ist Kümmel das entscheidende Element. Der frische Schnittlauch wird geschnitten, eine Aufgabe, die sich die Küchenpartner →

CLAUDIA LÖSCH

(* 19. Oktober 1988 in Wien), Österreichs erfolgreichste Behindertensportlerin, ist seit einem Autounfall 1994 querschnittgelähmt. Sie ist Alpinskiläuferin (Monoski Damen sitzend) und startet in allen Disziplinen. Ihre größten Erfolge sind zwei Goldmedaillen in Slalom und Super-G bei den Paralympics 2010 in Vancouver, der Gewinn des Gesamtweltcups in den Saisonen 2008/09 und 2009/2010 sowie drei Goldmedaillen bei der WM 2013. 2014 holte sie in Sotschi zwei Silbermedaillen.

teilen. Erwartungsgemäß bewundert Claudia Lösch, die schon einmal jenseits der hundert Stundenkilometer ihren Monoski über die Pisten jagt, das Tempo des Sternekochs. „Was ist, lachst mich aus?", funkelt Gugl sie an, während sie durchaus alltagstauglich das duftende Grünzeug zerkleinert.
Man merkt, Kochen ist für sie gerade in den Vorbereitungszeiten Usus. Abwechselnd mit ihrer WG-Kollegin bereitet sie meist einfache Gerichte zu, wobei – eine Übereinstimmung zwischen For Friends und Innsbrucker 2er-WG – auf deren Qualität und Herkunft geachtet wird. Lösch schränkt nur ein: „Soweit wir uns das mit unserem Studentenbudget leisten können."

Der Tiroler Wirler ist aber ein absolutes Billiggericht und kommt nun neu ins Mittagsrepertoire. „Kohlehydrate, das brauchen sie – und abends dann mehr Eiweiß, nehme ich an: Steak und Fisch", erweist sich Gugl als Kenner der Materie. Kein Wunder, ist er doch seit 2008 immer wieder mit den verschiedenen ÖSV-Nationalteams bei den Südamerika-Trainingslagern unterwegs, um mit feiner Klinge kulinarisch jeden Lagerkoller im Keim zu ersticken. Doch auch im For Friends von Hotelier Wolfgang Eder geht's sportlich zu, wofür nicht zuletzt Toni Innauer als sportlicher Leiter des modernen Luxushotels bürgt.

> „Wir hatten bisher ein einziges Mal einen eigenen Koch mit."
> CLAUDIA LÖSCH

„Wir hatten bisher ein einziges Mal einen eigenen Koch mit", verrät Claudia Lösch wenige Tage vor ihrem Abflug ins chilenische Trainingscamp Neid auf ihre nicht behinderten Kolleginnen. Denn wie viele Sportler beklagt sie, dass während der Saison gegessen werden muss, was im jeweiligen Hotel auf den Tisch kommt. Und das kann fordernder sein als das Rennen selbst. Die Ausnahme war übrigens die Weltmeisterschaft 2013 im spanischen La Molina: „Mir ist die heimische Kochbegleitung bestens bekommen. Es war mein erfolgreichster Großevent, mit drei Goldenen!" Längst hat der Tiroler Wirler seine goldgelbe Farbe angenommen und steht nun in edlem Porzellan hübsch dekoriert auf dem Tisch.

Lösch benennt ihre Favoriten beim Fremdessen: „Sushi, Sushi und dann Thai. Die Rennen in Japan waren für mich ein Traum." Wobei sie eingesteht, sich mit dem Thunfisch auf ökologisch holprigem Terrain zu bewegen. „Aber auch in Innsbruck kochen wir schon einmal freakig", verrät Lösch, dass sie in der Küche ebenfalls gern ihren Mut hervorkehrt.

RAINER GUGL

(* 19. Februar 1979 in Wolfsberg) absolvierte seine Lehre im „Arlberg Hospiz" in Sankt Christoph, danach arbeitete er u. a. im Hotel Montana von Patrick Ortlieb in Oberlech. Er verpflegte das Ski Team Austria beim Training in Neuseeland oder die Formel 1 bei DO & CO bzw. Bridgestone. 15 Punkte erhielt er vom „Gault-Millau", 93 Punkte vom „Falstaff".

Brennsuppe

4 Portionen

100 g Butter
100 g griffiges Mehl
1200 ml Hühnerfond oder Rindssuppe
Kümmel, ganz
Salz, Pfeffer
Obers

Die Butter zerlassen und mit dem Mehl eine Einbrenn machen. Anschließend mit dem Hühnerfond oder der Rindssuppe aufgießen und einmal aufkochen. Mit Kümmel, etwas Salz und Pfeffer würzen und einem Schuss Obers verfeinern.

Weintipp: klassischer Neuburger

Wirler

4 Portionen

800 g gekochte Erdäpfel
2 EL griffiges Mehl
Butterschmalz
Kümmel, ganz
Salz, Pfeffer aus der Mühle
Muskatnuss

Die gekochten Erdäpfel mit einem groben Reibeisen bearbeiten, das griffige Mehl untermengen. In einer Pfanne etwas Butterschmalz erhitzen, die Erdäpfelmasse beigeben und auf allen Seiten goldgelb rösten.
Mit Salz, Kümmel, Pfeffer und Muskatnuss würzen und mit frischen Kräutern verfeinern.

Weintipp: kräftiger Grüner Veltliner Reserve

Kürbiskernparfait

4 Portionen

90 g Vollei
44 g Eigelb
120 g Kristallzucker
8 g Vanillezucker
270 g Obers
Kürbiskernöl

Alle Zutaten in einer Schüssel über Wasserdampf weißschaumig aufschlagen, anschließend die Masse kalt schlagen.
Das Obers halbsteif schlagen und unter die kalt geschlagene Ei-Zucker-Masse heben. Kürbiskernöl nach Geschmack zugeben. 4 Stunden einfrieren.

Weintipp: Grauburgunder Auslese

Wirler

caramé

Männer wie Stahl

Ein Spitzenkoch, der Profisportler war und sich in den kulinarischen Olymp kocht. Ein Profisportler, der kurz in die Fußstapfen des Spitzenkochs tritt und bereits 2-facher Olympiasieger ist: **ANDRÉ STAHL** und **MARKUS SALCHER** braten Fisch.

Kurz, aber nur ganz kurz hält sich das Gerücht, dass Studenten nicht kochen können. Reis? „Eine Tasse Reis, zwei Tassen Wasser." Prüfung bestanden, Markus Salcher grinst in sich hinein. Und das Grinsen wird breiter, als ihm Küchenchef André Stahl ein kohlrabenschwarzes Kochoutfit überreicht: „Hurra, da kann ich mich anpatzen."
Worauf der 23-jährige Doppelolympiasieger der Paralympics-Spiele von Sotschi 2014 kulinarisch abfährt? →

MARKUS SALCHER

(* 1. Juni 1991 in Klagenfurt) ist einer der bekanntesten Behindertensportler Österreichs. Der Kärntner gewann bei den Paralympics 2014 in Sotschi drei Medaillen. Der Doppelolympiasieger in der Kategorie Stehendfahrer ist seit der Geburt halbseitig gelähmt, stand jedoch bereits mit zweieinhalb Jahren auf Skiern. Salcher studiert Medien- und Kommunikationswissenschaft in Klagenfurt und arbeitet als Zollbeamter.

„Auf Süßes wie Marillenknödel oder Omas Kasnudeln. Die werden in Kärnten überall anders gemacht. Mal mit Topfen oder Kartoffeln und mit frischer Minze. Im Gailtal krendelt man sie." Das heißt, dass die gefüllten Teigtaschen mit einer besonderen Ziernaht verschlossen werden.

Auf seine Figur achtet der Spitzensportler: „Mein Problem: Ich nehm nix zu. Vier Kilo fehlen mir." Eine spezielle Diät gibt es für den Skirennläufer deshalb nicht. Was auf dem Speiseplan gestrichen ist? „Fast Food. Und Spinat. Ein Kindheitstrauma." Und bevor wir das Weiße in Salchers Augen sehen, wirft Küchenchef André Stahl die Angel aus, denn heute gibt es ein knusprig gebratenes Filet vom Branzino im Safran-Fenchel-Fond mit Tomaten-Marillen-Chutney-Ravioli. „Mmmmhhh", macht Salcher.

Der Küchenchef heißt nicht nur so, er ist auch ein Mann aus Stahl. Als ehemaliger Profisportler im Rennkajak kam er nur durch einen Zufall zum Kochen. Die Gemeinsamkeiten mit Salcher: Beide lieben Action und Speed, sind Kämpfer und sehr ehrgeizig. So zählen zu Stahls Hobbys Thaiboxen, Harleyfahren, Kitesurfen usw. Ein Erlebnis hat den gebürtigen Deutschen jedoch geprägt. Bei einem Sturz mit dem Snowboard hatte sich der 37-Jährige gleich vier Wirbel gebrochen: „Ein paar Millimeter vom Rollstuhl entfernt." Salcher presst die Lippen zusammen: „Puh."

> **„Du musst spüren, was die Klinge macht. Einfach durchziehen. Der Fisch merkt eh nix mehr.“**
>
> ANDRÉ STAHL

Der Spitzenkoch legt dezent zwei Packungen Pflaster auf den Tisch: „Los geht es mit dem Fenchel-Schneiden. Ist eine coole Sache. Nix mit Kindertee.“ Ruhig zeigt der Küchenmeister dem Skistar, wie man an die feinsten Blätter herankommt. Mit zwei präzisen Schnitten ist der Strunk entfernt. Salcher schnipselt mit links, die rechte Hand stabilisiert die Knolle. Stahl: „Ich weiß, das Zuputzen ist ein Mistjob.“ – „Und wer macht den bei euch?“ – „Ja eh ich.“ Die Messer werden weiterhin gewetzt, schließlich geht es an die Schalotten. Salcher: „Passt das so? Ich bin ja mehr der Typ für das Grobe.“ Stahl schmunzelt: „Könnte man für Gulasch nehmen.“ Dann kommt Action in die Küche: Koriander zerstampfen, Fenchel würzen, mit Wein ablöschen, Safran hinzugeben, dann noch Tomatenwasser und den Saft von Kartoffeln für die Bindung dazu.

Jetzt hat er seinen großen Auftritt: der Branzino. Fast 1,5 Kilo wiegt das gute Stück. Salcher stellt die „Grätchenfrage“: „Wie viele Fische hast du in deiner Lehrzeit zerstört?“ Stahl: „Gar nicht so viele. Habe zwar das Nachtleben genossen, war aber ein Streber.“ Beim Schneiden des Wolfsbarsches gibt der Küchenchef folgenden Tipp: „Du musst spüren, was die Klinge macht. Einfach durchziehen. Der Fisch merkt eh nix mehr.“ Ein wenig später wird bereits gebraten, was das Zeug hält. Und zusammen mit den Ravioli und dem Fenchelfond geschmaust. Stahl räumt demonstrativ die Pflaster wieder in die Lade: „Die brauchen wir wohl nicht mehr.“

ANDRÉ STAHL

(* 4. März 1977, Hamm in Westfalen) zählt zu den besten Köchen Österreichs. Er hat unter anderem im englischen 3-Sterne-Restaurant „Fat Duck“ unter Heston Blumenthal gearbeitet (das Fat Duck wurde 2005 vom renommierten „Restaurant Magazine“ zum besten Restaurant der Welt gekürt). Seit 2009 ist er Chefkoch im Restaurant „Caramé“ in Velden. Aufsteiger des Jahres 2014 von „A la Carte“ mit 96 von 100 Punkten, zwei Hauben im „Gault-Millau“, 92 Punkte im „Falstaff“-Lokalführer.

Knuspriges Filet vom Branzino im Safran-Fenchel-Fond mit Tomaten-Marillen-Chutney-Ravioli

4 Portionen

4 Tranchen Branzino à 140 g
Salz, 1 Strauß Thymian, 30 g Butter

Chutney-Ravioli
200 g Zwiebeln, in sehr feine Scheiben geschnitten
350 g Zucker, 100 ml Weißweinessig
1 kg Tomaten, geschält, entkernt und geviertelt
500 g Marillen ohne Stein, geviertelt
2 Biozitronen, heiß abgewaschen und in sehr feine Scheiben geschnitten
2 Lorbeerblätter, Salz, gehackter Thymian
1 kg fertiger Nudelteig

Safran-Fenchel-Fond
2 Schalotten, in feine Scheiben geschnitten
2 Knoblauchzehen, fein geschnitten
Olivenöl, 3 Stück Fenchel, zugeschnitten
1 TL Koriandersamen, fein gehackt
1 TL weißer Pfeffer, Salz
100 ml Noilly Prat (oder ein anderer trockener Wermut), 150 ml Weißwein
1 l Tomatenwasser (Tomaten passieren und das Püree in einem Tuch über Nacht in eine Schüssel abtropfen lassen, sodass eine klare Flüssigkeit übrig bleibt)
1 Kartoffel, 2 TL Safranfäden, Pernod

Chutney-Ravioli
Die Zwiebeln in etwas Öl goldgelb anschwitzen. Den Zucker zufügen und ganz leicht karamellisieren lassen. Mit dem Essig ablöschen, die übrigen Zutaten beifügen und alles auf Marmeladenkonsistenz einkochen lassen. Mit etwas Salz und Thymian abschmecken. Anschließend abkühlen lassen und mit dem Nudelteig zu Ravioli verarbeiten.

Safran-Fenchel-Fond
Die Schalotten und den Knoblauch in etwas Olivenöl anschwitzen. Den Fenchel beifügen. Anschließend mit dem Koriander, weißen Pfeffer und Salz würzen. Mit Noilly Prat und Weißwein ablöschen und etwas reduzieren lassen. Mit dem Tomatenwasser auffüllen und den Fenchel weich kochen. Die Erdäpfel reiben und den Saft der Erdäpfel zur Bindung in den Fenchelfond pressen. Das Ganze noch 2–3 Min. köcheln lassen, den Safran dazugeben und mit etwas Pernod abschmecken.
Die Ravioli in reichlich Wasser 3–4 Min. gar kochen. Den Branzino in etwas Öl auf der Hautseite knusprig braten. Die Butter und den Thymian beifügen. Den Safran-Fenchel-Fond erhitzen und evtl. mit etwas Butter binden. Anrichten und mit etwas Fenchelgrün garnieren.

Weintipp: kräftiger Rotgipfler oder Zierfandler

Rosa Rehrückenfilet im Maronipalatschinkenmantel mit süßsaurem Kürbis, Selleriepüree und Teeweichseln

4 Portionen

4 St. ausgelöster Rehrücken à ca. 140 g

Kürbisgemüse
400 g Kürbis (Muskat oder Hokkaido)
1 Prise Salz, 250 ml Weißweinessig
250 ml trockener Weißwein oder Cidre
2 Nelken, 2 Lorbeerblätter
einige Pfefferkörner, weiß
4 cm Ingwerwurzel, geschält und in Scheiben geschnitten
1 Stange Zimt, 475 g brauner Zucker

Maronipalatschinken
250 g Maronimehl, 1 Prise Salz
2 Eier, 200 ml Milch
250 ml Wasser, 125 g zerlassene Butter

Petersilienfarce
200 g Putenfleisch, gewürfelt
60 g Petersilienmatte (Petersilienpüree)
5 EL Sahne, flüssig, 1 EL braune Butter
Salz, Pfeffer

Selleriepüree
1 kg Knollensellerie, geschält und grobwürfelig geschnitten
1 EL Zitronensaft, 1 Zwiebel, gewürfelt
1/4 l Gemüsefond, 250 g Butter
1/2 TL Salz, 1 Prise Pfeffer, weiß

Kürbisgemüse
Den Kürbis in ca. 1,5 cm große Würfel schneiden. Die anderen Zutaten zusammen aufkochen, den Kürbis zugeben und in der Marinade auskühlen lassen.

Maronipalatschinken
Mehl, Salz, Eier und Milch verrühren, nach und nach Flüssigkeit und danach die Butter zufügen. Teig im Kühlen quellen lassen, am besten eine halbe Stunde, bei Zeitmangel auch kürzer.

Petersilienfarce
Alle Zutaten in der Küchenmaschine (Cutter) zu einer homogenen Masse verarbeiten und mit Salz und Pfeffer abschmecken.

Selleriepüree
Sellerie putzen, würfeln, mit 1 EL Zitronensaft beträufeln. Mit der gewürfelten Zwiebel im Gemüsefond 20 Min. garen. Den Sellerie mit der Butter, dem Salz und dem Pfeffer pürieren.
Das Rehfilet mit Salz und Pfeffer würzen, anbraten und etwas auskühlen lassen. Aus dem Teig vier Palatschinken herausbacken, mit der Petersilienfarce einstreichen und das Rehfilet darin einschlagen. Anschließend das Reh bei 160 °C Umluft im Ofen für ca. 7 Min. garen und 2–3 Min. rasten lassen.
Zum Schluss alle Zutaten anrichten und mit frischem Rosmarin garnieren.

Weintipp: leichter klassischer Pinot noir (gekühlt) oder ein kräftiger, flaschenvergorener Sekt

Knuspriges Filet vom Branzino im Safran-Fenchel-Fond
mit Tomaten-Marillen-Chutney-Ravioli

Tolle Hechte beim Zander-schuppen

Biathlet **DOMINIK „LANDI" LANDERTINGER** ist Massenstarts gewohnt. Dort ist er auch sehr erfolgreich und heimste schon Goldmedaillen ein. Heute steht er „nur" mit **SIMON TAXACHER** am Start. Im Duo mit dem Spitzenkoch legt der Mammutmann des Ausdauersports einen Supersprint in der Haubenküche hin.

Vier Hauben zieren imaginär das Haupt des Tiroler Meisterkochs Simon Taxacher. Eine große Herausforderung für den Biathleten Dominik Landertinger, der sonst nur mit einer Haube zum Sieg läuft – und mit Gewehr und Langlaufskiern. Die zwei mit den fünf Hauben kochen heute Fisch. Perfekt für den leidenschaftlichen Fischer Dominik Landertinger, der gern daheim am Tiroler Pillersee angelt. Beim Angeln will er es still. Ansonsten hört Landi gern Musik, „auch härtere Sachen, Heavy Metal, beim Laufen (er sagt „Laafen") vor allem. Beim Schießtraining hingegen muss ich mich mehr konzentrieren, da muss es genauso still sein wie beim Angeln."

Nun angelt sich Simon Taxacher drei Zander in die Küche. Wahre Prachtkerle, etwa vier Kilo pro Fisch. „Jetzt geht es ans Schuppen und da geht's rund."

Taxacher greift zum Schupper und demonstriert die Technik. Landi staunt nicht schlecht über den Aufwand und wie die Fischschuppen durch die Küche spritzen und fliegen. „Brutal, da brauchst ja fast eine Schneebrille", scherzt Landi und übernimmt den Schupper.

Dann kündigt Taxacher das Filetieren des ersten Zanders an: „Jetzt zerlegen wir das Viech. Vorsicht mit dem Messer, sonst schneiden wir uns gegenseitig. Bei einem so großen Fisch musst du hinten anfangen,

DOMINIK LANDERTINGER

(* 13. März 1988 in Braunau am Inn) ist Österreichs bester Biathlet. Die bisher größten Erfolge des passionierten Fischers sind der Gewinn der Goldmedaille im Massenstart bei den Weltmeisterschaften 2009, die Silbermedaille in der Staffel bei den Olympischen Spielen 2010 sowie Silber im Sprint und Bronze mit der Staffel bei den Olympischen Winterspielen 2014.

SIMON TAXACHER

(* 28. April 1976) ist der beste Tiroler Koch aller Zeiten und einer der drei besten Österreichs, wenn man nach den aktuellen Bewertungen der Restaurantführer geht: vier Hauben im „Gault Millau" und fünf Sterne in „Österreich A La Carte" sind jeweils die möglichen Höchstwertungen, die er für sein Restaurant „Rosengarten" in Kirchberg eingeheimst hat. Vielleicht noch stolzer ist er auf die zwei Sterne im „Michelin", den es hier aber seit 2009 nicht mehr gibt.

also am Rücken." Taxacher warnt vor der gefährlichen Rückenflosse des Riesenzanders: „Manchmal ist die sogar giftig. Da hat es schon wilde Verletzungen gegeben."
Doch heute bleiben alle heil und der 4-Hauben-Koch lobt den Wintersportler: „Der Landi stellt sich sehr geschickt an."

Dominik entdeckt gern neue Spezialitäten und outet sich: „Ich bin ein Allesfresser und habe sogar schon Stierhoden gegessen." Das Filetieren des Zanders entpuppt sich indessen als Schwerarbeit. Taxacher: „Nur kein Fleisch verlieren und das Fleisch nicht verletzen. Und bitte nicht mit dem Messer abrutschen, sonst ist deine Biathlon-Karriere zu Ende." – Dann sind die Sellerietascherln an der Reihe. Aus Selleriewurzeln werden löschblattdünne Scheiben geschnitten und daraus nochmals Kreisflächen ausgestanzt. Auf die blanchierten Selleriescheiben kommt ein Tupfer Selleriepüree. Taxacher reicht Landertinger die Stangensellerie: „Da, zupf a bissl umanand, das Selleriegrün zum Verzieren. Jetzt die belegten Sellerieschеiben wie Ravioli halbmondförmig zusammenlegen und mit dem Finger den Rand leicht zusammendrücken." Und Dominik, Souschef des Tages, drückt und drückt.

> „Ich bin ein Allesfresser und habe sogar schon Stierhoden gegessen."
> DOMINIK LANDERTINGER

Währenddessen brutzeln die Zanderfilets in Butter. Bevor sie in das Rohr geschoben werden, legt Simon Butterpapier über die Filets: „Damit das Fischfleisch nicht austrocknet." Landi gesteht, allerhand Tricks gelernt zu haben, auch den Oberlippentest: Der Meisterschütze nimmt den Fisch ins Visier, sticht ein Spießchen in die Filets und testet damit über der Oberlippe die Temperatur im Inneren.
Der Medaillen-Biathlet richtet schließlich die Sellerieravioli am Teller an, garniert sie mit weißen Walmüssen, gießt noch ein geschäumtes Saucerl darüber und streut etwas Salz auf die Filets: Es ist vollbracht. Simon kostet und lobt: „Auch beim Würzen hast es gut dawuschn." Wahre Könner waren eben am Werk im Rosengarten, dessen Küchenspüle noch voller Fischschuppen glitzert. Apropos Fischschuppen: Diese Schuppen im Geldbörsel sollen angeblich Glück bringen. Und das nimmt Landi gern mit – ins Reisegepäck für die Saison 2014/15.

LOHBERGER

Topinambur-Bachkresseschaumsuppe

4 Portionen

60 g Butter, 3 EL Olivenöl
90 g Schalotten, geschält und fein geschnitten
50 g Bauchspeck, 2 Zweige Zitronenthymian
je 50 ml Noilly Prat und Weißwein
380 g Topinambur, gewaschen, geschält und klein geschnitten
½ l Geflügelfond (Feinkostladen)
280 g Bachkresse, gewaschen und klein geschnitten, 1/8 l Obers, 1 El Crème fraîche
Salz, Cayennepfeffer, Limonensaft

Die Butter und das Olivenöl in einem Topf erhitzen. Speck, Schalotten und Zitronenthymian zugeben und leicht anschwitzen. Mit Noilly Prat und Weißwein ablöschen. Topinambur zugeben und mit dem Geflügelfond auffüllen. Topinambur weich kochen, Bachkresse zugeben und kurz aufkochen. Speck und Zitronenthymian entfernen. Mit dem Mixstab pürieren, durch ein feines Sieb gießen. Obers zugeben und ein Drittel einreduzieren lassen. Mit Salz, Cayennepfeffer und Limonensaft abschmecken. Crème fraîche zugeben und aufschäumen. Eventuell mit Topinamburchips und gegrillten Topinamburspalten servieren.

Weintipp: kräftiger Grüner Veltliner oder Roter Veltliner Wagram

Zander mit Walnuss und Sellerietascherln

4 Portionen

Zander
4 Stück dickfleischiges Zanderfilet à 130 g, küchenfertig, Salz, weißer Pfeffer aus der Mühle, Olivenöl, etwas Butter zum Braten
1 EL Selleriegrün, frittiert, ¼ l Fischsauce (Beurre blanc, aus dem Feinkostgeschäft)

Selleriepüree
300 g Sellerie, gewaschen, geschält

Sellerietascherl
1 Sellerieknolle, gewaschen und geschält
je 200 ml Milch und Obers
Salz, Pfeffer aus der Mühle, Zitronensaft
Muskat, 1 EL braune Butter, 1 eingelegte Walnuss (Feinkostgeschäft), 4 EL Selleriepürée, braune Butter zum Beträufeln,
1 St. Staudensellerie mit Grün, 1/8 l Selleriefond, Salz, Pfeffer aus der Mühle

Von der Sellerie und Walnuss je 8 hauchdünne Scheiben herunterschneiden. Die restliche Sellerie (siehe unten) grob zerkleinert in Milch und Obers weich kochen, bis die Flüssigkeit fast vollständig verkocht ist. Mit der Moulinette fein pürieren und durch ein Sieb streichen. Mit Salz, Pfeffer, Zitronensaft und Muskat abschmecken. Braune Butter zugeben. Die Selleriescheiben ausstechen, kurz blanchieren, abschrecken, trocken tupfen und mit einer Walnussscheibe belegen. Das warme Selleriepüree darauf verteilen und zusammenklappen. Mit brauner Butter beträufeln. Im Backofen bei 60 °C warm halten. Die Staudensellerie in Streifen schneiden, im Selleriefond bissfest garen. Mit Salz und Pfeffer würzen. Die Zanderstücke mit Salz und Pfeffer würzen. In einer Pfanne mit der Butter sowie etwas Olivenöl und dem Selleriegrün in ca. 2 Min. auf einer Seite braten, anschließend bei 150 °C ca. 4 Min. glasig garen, rasten lassen.

Fertigstellung
Den Zander zusammen mit den Sellerietascherln, etwas Selleriepüree, der Staudensellerie und dem frittierten Selleriegrün anrichten. Eine eingelegte Walnuss darüberhobeln und mit Fischsauce extra dazu reichen.

Weintipp: Leithaberg DAC Reserve weiß oder kräftiger Rotgipfler/Zierfandler

Warmer Schokoladekuchen mit exotischen Früchten

4 Portionen

Flüssiger Kern
110 g Zartbitterschokolade, 66 %
140 g Obers
30 g Mangopüree (Feinkostgeschäft)

Biskuit
210 g Zartbitterschokolade, 66 %
50 g Butter
50 g Eigelb, 200 g Eiweiß
80 g Butterbrösel
70 g Zucker

Exotic-Kompott
1 reife Mango, geschält und entkernt
½ Ananas, geschält
25 St. Physalis, 1 Passionsfrucht
je 250g Mango- und Ananassaft
50 g Passionsfruchtsaft
4 cl Malibu-Likör
Mark von ½ Vanilleschote
Zitronenverbene

Zunächst den Kern herstellen: lauwarmes Obers auf die geschmolzene Schokolade gießen, das erwärmte Mangopüree zugeben. Alles glatt rühren, auskühlen lassen. Anschließend zu Kugeln formen und einfrieren.

Biskuit Schokolade und Butter bei 50 °C über Dampf schmelzen. Eigelb in die Masse glatt rühren, bis eine elastische Konsistenz entsteht. Eiweiß und Zucker zu halb steifem Schnee schlagen und zusammen mit den Butterbröseln unter die lauwarme Schokolademasse heben. 6–8 vorbereitete Dariolformen (6 cm Durchmesser) mit Butter bepinseln und die Schokolademasse einfüllen. Je eine gefrorene Schokoladekugel in die Schokolademasse stecken. Das Biskuit vollkommen frieren. Anschließend im Heißluftofen ca. 12 Min. bei 210 °C backen, aus der Form stürzen.

Exotic-Kompott Mango und Ananas in 1 × 1 cm große Würfel schneiden. Die Physalis schälen und halbieren, ebenso die Passionsfrucht halbieren und die Kerne mit einem Löffel herausnehmen. Kerne und Abschnitte aufheben! Die Fruchtsäfte mit der Vanille und den Abschnitten von der Ananas und Mango aufkochen, mixen und durch ein feines Sieb passieren. Malibu-Likör dazugeben und wenn nötig noch etwas mit Zucker nachsüßen. Auskühlen lassen und die geschnittenen Früchte und Passionsfruchtkerne mit dem Früchtesud vermengen. Die Früchte auf einem Teller verteilen, den Schokoladekuchen draufsetzen. Mit Zitronenverbene ausgarnieren.

Weintipp: Beerenauslese aus roten Trauben

Zander mit Walnuss und Sellerietascherln

HANGAR-7

„Brettl-Jause“ der Superlative

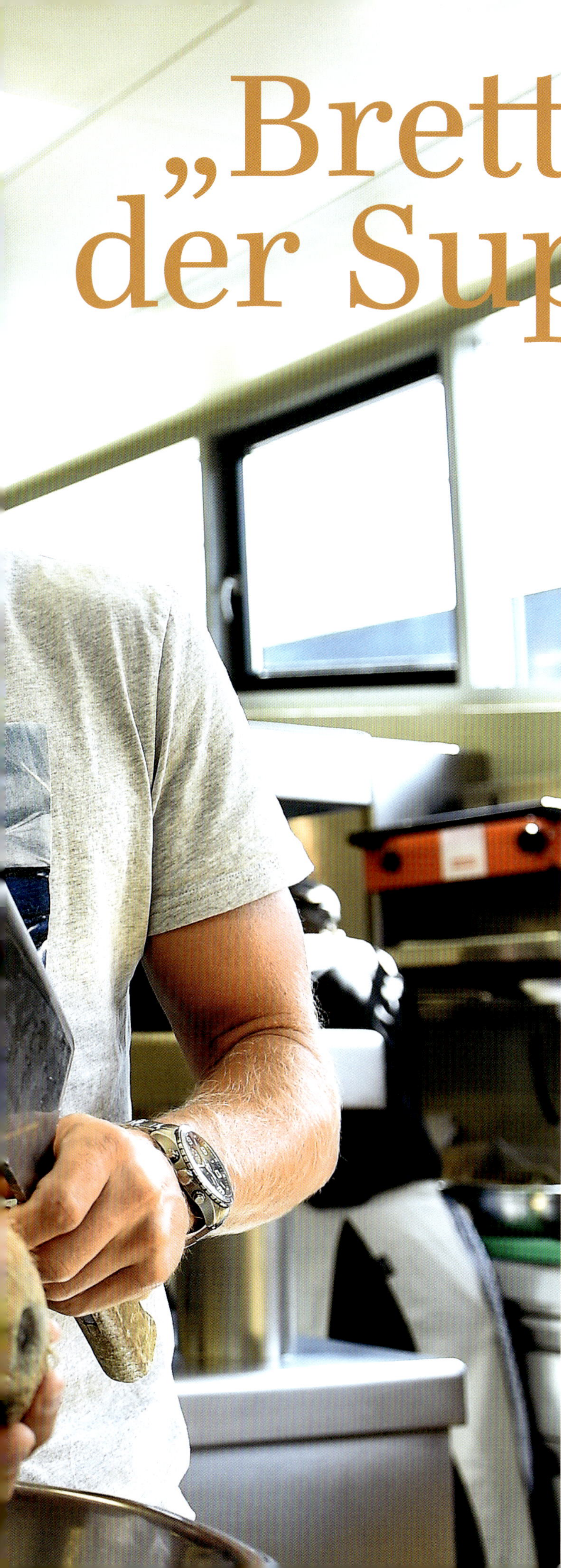

Die Bretter, die die Welt bedeuten, sind bei **MARTIN KLEIN** vor allem Schneidbretter. Der gebürtige Franzose ist Executive Chef des „Restaurant Ikarus“ im Salzburger Hangar-7. Bei **BENJAMIN KARL** indessen heißen die weltliebsten Bretter Snowboards.

Im Mittelpunkt heute: die Schneidbretter im Restaurant Ikarus. Darauf liegen sonnenreife Mangos. Eine wichtige Zutat beim Dessert dieses Tages, das sich Spitzenkoch Martin Klein erst vor einigen Momenten einfallen ließ. Spitzensportler Benjamin Karl erweist sich als Kenner der Gourmetszene: „Ja, auch dieses Spontane macht einen Superchef aus.“ Und Martin Kleins Instinkt war goldrichtig, denn das Dessert passt perfekt zu Benjamin Karl. Es ist glutenfrei, wobei Klein von dieser Unverträglichkeit des Snowboarders gar nichts gewusst hatte.

→

BENJAMIN KARL

(* 16. Oktober 1985 in St. Pölten) feilte bereits 1995 mit nur zehn Jahren an seiner Snowboard-Karriere. Diese musste er noch im gleichen Jahr aufgrund eines Unfalls, bei dem er sich drei Brustwirbel gebrochen hatte, wieder für einige Zeit auf Eis legen. Nach hartem Aufbautraining gewann er bereits Monate später den Landescup. Heute ist der Niederösterreicher nicht nur dreimaliger Gesamtweltcupsieger, sondern auch zweifacher Weltmeister und holte 2010 Silber und 2014 Bronze bei Olympia.

MARTIN KLEIN

(* 11. November 1976) kochte nach seiner Ausbildung in einigen der besten Restaurants Deutschlands. Im Münchner „Marstall" stieg er mit nur 26 Jahren zum Küchenchef auf und erkochte sich seinen ersten Michelin-Stern. Nach zwei Jahren als Executive Chef auf einer privaten Luxusinsel im Südpazifik kehrte er 2014 als Executive Chef ins Restaurant Ikarus zurück, wo er bereits von 2003 bis 2012 als Küchenchef tätig war.

Martin Klein ist gebürtiger Elsässer und gibt Anweisungen in perfektem Hochdeutsch mit sexy Akzent: „Bon, allez, wir machen heute Milchreis ohne Milch bzw. mit Kokosmilch, dazu Chia-Samen und Mango." Natürlich handelt es sich im Hangar-7 um perfekt gereifte Flugmangos, direkt eingeflogen aus tropischen Gefilden. Snowboarder Karl ist von diesem Dessert begeistert: „Wunderbar, alles, was ich besonders gern mag."
Erstaunlich, dass ihn der Executive Chef nicht einmal mit Chia-Samen überraschen kann.
Karl: „Kenne ich, ich esse Chia regelmäßig zum Frühstück."
Die Samen werden in Wasser eingeweicht und quellen auf. Karl schnuppert daran: „Sieht aus wie Fischeier, riecht nur anders." Der Snowboarder darf auch das Mark aus den Vanilleschoten kratzen: „Wow, das riecht genial intensiv." Martin Klein greift indessen zum Hackbeil und hackt mit dem Messerrücken auf eine Kokosnuss ein. Das sieht sehr gefährlich aus. Klein hört schon am Klang, wann sich die Nuss teilen lässt.

> „Es ist schon faszinierend, wie liebevoll der Martin mit einer Mango umgeht."
> BENJAMIN KARL

Zusammen mit seiner Frau Nina kocht Benni auch daheim: „Wenn ich koche, dann immer mit wenig Salz und wenig Gewürzen. Ich will die Produkte schmecken." Benjamin freut sich schon auf das Nachkochen zuhause. Die exotische Süßspeise verleiht dem Snowboarder im Restaurant Ikarus wahre Flügel. Er gibt Vanille zum Reis und ist überglücklich. Benjamin: „Ich hab kürzlich gelesen, dass Vanille Glücksgefühle erzeugt." Das sieht man eindeutig. Benjamins blaue Augen funkeln freudig dem Dessertgenuss entgegen. Martin fordert Aufmerksamkeit für den Reis. „Bitte zwanzig Minuten am Herd rühren." Für den Kokosmilchreis empfiehlt er Rundkorn- oder Risottoreis. Benni:
„Wird der schneller fertig?"
Martin: „Nein, aber er hat einen schöneren Biss."
Benni streut Kokosraspeln über den Kokosmilchreis und streut seinem Lehrmeister Rosen: „Es ist schon faszinierend, wie liebevoll Martin mit einer Mango umgeht."

Auch Martin Klein ist zufrieden: „Küche muss nicht immer kompliziert sein. Dieses Dessert ist einfach, schön und gesund." Sein Commis Benni hat ihn vollauf überzeugt: „Benni hat schnell reagiert und sofort zugepackt. Ich habe nix zweimal sagen müssen, er hat alles prompt umgesetzt. Sogar die Mango schneidet er wie ich. Bravo!"
Der Sportsmann besichtigt noch die flotten Renn- und Flugmaschinen im Hangar-7. Währenddessen fliegt der Spitzenkoch schon wieder in seine Ikarus-Küche, um sich dem Tagesgeschäft zu widmen. Er verabschiedet sich mit den Worten: „Wenn ihr glücklich seid, dann sind wir's auch." Nicht nur dank der Vanille sind wirklich alle glücklich.

Martin Klein

Vitello tonnato

4 Portionen

300 bis 400 g Kalbsrücken
60 g Thunfisch in Öl
60 g Mayonnaise
20 g Ketchup
10 g Kapern
50 g passierte Tomaten
Salz, Pfeffer, Balsamicoessig, Zitronensaft

Das Fleisch mit Salz und Pfeffer würzen und in Öl scharf anbraten, dann ca. 20 Min. lang bei 80 °C im Ofen garen (Kerntemperatur: 52 bis 54 °C). Kalt stellen. Für die Sauce den zerkleinerten Thunfisch mit Mayonnaise, Ketchup, Kapern und dem Tomatenpüree fein mixen. Die dickflüssige Sauce mit Salz, Pfeffer, ein paar Tropfen Balsamicoessig und etwas Zitronensaft abschmecken. Nochmals mixen und passieren.
Den Kalbsrücken dünn wie Roastbeef aufschneiden, auf dem Teller anrichten und mit der Sauce nappieren. Nach Geschmack mit Cocktailtomaten, Rucola und Parmesan garnieren.

Weintipp: Grüner Veltliner Reserve

Saibling mit Salatherzen und Eierschwammerln

4 Portionen

4 St. Saiblingsfilets (ca. 600 g)
100 g klarer Tomatenfond
60 g gutes Olivenöl
10 g Petersilie
10 g Basilikum
40 g Salatherzen
100 g kleine Eierschwammerln, geputzt
Salz, Pfeffer
Olivenöl und Butter zum Braten

Die Saiblingsfilets für 15 Min. in einer Lake (500 ml Wasser und 10 g Salz) einlegen. Abspülen und auf einem Blech mit etwas Olivenöl im Ofen bei 80 °C ca. 14 Min. garen. Die Salatherzen und die restlichen Zutaten mit etwas Salz und Pfeffer in einen Thermomixbecher geben und bei 70 °C für 6 Min. mixen und passieren. Schnell runterkühlen, um die grüne Farbe zu erhalten.
Die Eierschwammerln in einer Olivenöl-Butter-Mischung kurz sautieren (sollen knackig bleiben), erst danach salzen. Die Sauce als Erstes auf den Teller geben, dann den Saibling und zum Schluss die gebratenen Schwammerln mit fein geschnittenen Salatherzen zum Garnieren.

Weintipp: Chardonnay, nicht im Holz ausgebaut

Kokosmilchreis mit Mango und Chia-Samen

6 Portionen

60 g Risottoreis
300 g Kokosmilch
½ Vanilleschote
20 g Palmzucker
Salz
Kokosraspeln
4 EL Chia-Samen
1 Mango
125 g Mangopüree

Reis in der Kokosmilch mit der Vanille, dem Palmzucker und einer kleinen Prise Salz ca. 22 Min. lang bei kleiner Hitze garen. Die Chia-Samen ca. 10 Min. lang einweichen. Die eingeweichten Samen zuerst auf einen tiefen Teller geben, darauf 2 EL Milchreis. Zum Schluss die Mango fächrig schneiden, mit etwas Mangomark marinieren und dazuarrangieren.

Weintipp: aromatischer Eiswein

Kokosmilchreis mit Mango und Chia-Samen

Introducing
our new plastic carrier

Fantreffen in der Küche

MEINRAD NEUNKIRCHNER ist Rapid-Fan, **HELGE PAYER** einer der guten Küche. Wenn die beiden zusammen kochen, kann nur eine harmonische Komposition entstehen.

Helge Payer hat sogar schon einen eigenen „signature dish" entwickelt. In guten Restaurants sind das Gerichte, die ganz typisch für die Küchenlinie des Lokals stehen. Payers eigene Spezialität heißt „Helgonara". „Spaghetti carbonara sind ja extrem fett und schwer, schmecken aber gut. Und so hab ich eine eigene Mischung mit verschiedenen Schinkensorten zusammengebaut, zum Beispiel Krenschinken oder Prosciutto. Eine Kette italienischer Lokale in Wien setzt die sogar demnächst eine Woche lang auf die Karte."
Wow, was für ein Profi steht da in der Küche des Restaurants Freyenstein! Aber Helge winkt gleich ab:

HELGE PAYER

(* 9. August 1979 in Wels) begann mit sechs Jahren seine Karriere bei Eintracht Wels. Schon beim ersten Training stand er im Tor und trat damit in die Fußstapfen seines Vaters. Mit zwölf wechselte er zu Rapid und sollte dort zwanzig Jahre lang bleiben. Am Ende seiner Laufbahn spielte er noch auf Lesbos bei AEL Kalloni. Zu seinen größten Erfolgen zählen u. a. zwei österreichische Meistertitel, der zweimalige Titel als „Bester Tormann der Saison" der *SportWoche* und zwanzig Einsätze im Nationalteam.

→ „Ich hab viel zu wenig Zeit. Aber wenn ich koche, dann fall ich ganz hinein, es ist das beste Entspannungsmittel." Als Gast war er noch nicht hier; dafür ist Küchenchef Meinrad Neunkirchner ein großer Rapid-Fan und war gleich begeistert mit dabei.

Neunkirchner ist als einziger Teilnehmer des *Sporthilfe-Kochbuchs* von 2013 auch heuer wieder dabei. Das hat einen einleuchtenden Grund: Er ist der Koch, der – so wie letztes Jahr – alle Gerichte nachgekocht hat, die in diesem Buch bei den Rezepten abgebildet sind. Er ist mit seinem Fotografen-Partner Thomas Apolt verantwortlich für das, wie man im Medienjargon so schön sagt, „Food Styling" in diesem Buch. Grund genug, ihn auch heuer wieder vorzustellen.

Sein Gasthaus Freyenstein liegt in Währing. Nicht im Nobelviertel dort, es ist ein altes Gasthaus in Gersthof, das er mit seiner Geschäftspartnerin Eva Homolka aus dem Dornröschenschlaf erlöst hat und seither unter Gourmets einen Ruf wie Donnerhall hat. Er gilt als Magier der Aromen, die Menüs bei ihm (üblicherweise 10 bis 15 Gerichte, die in fünf Gängen serviert werden und vergleichsweise spottbillig sind) lassen seine Klientel regelmäßig in Freudentränen ausbrechen, um es nicht zu subtil zu sagen.

Neunkirchner ist also, wie gesagt, ein großer Rapid-Fan: „Ich war in Strebers-

> Ich hab viel zu wenig Zeit. Aber wenn ich koche, dann fall ich ganz hinein, es ist das beste Entspannungsmittel.
>
> HELGE PAYER

dorf bei den Schulbrüdern und wir haben jeden Samstag von der CA die Karten für die Pfarrwiese bekommen, wo Rapid damals noch gespielt hat." Ein Rapid-Tormann in seiner Küche lässt ihn heute einerseits strahlen, andererseits nimmt ihm das aber nichts von seiner bekannten Strenge in der Küche: „Wir müssen da weitertun." Helge Payer muss eine Knödelmasse herstellen. Es gibt etwas Süßes: „Die ist aus Grieß, Milch, Vanille, Zitrone und Butter und aus der drehen wir jetzt Knöderln." Helge macht einen ersten, der von Meinrad als Fußball klassifiziert wird: zu groß. Er diszipliniert sich dann und macht Meinrads Miniknöderln nach. Nach acht Stück möchte der Küchenchef sie gern ins leicht köchelnde Wasser legen. Payer: „Die ess ich. Und was esst ihr?" – Na gut, verstanden, es wird weitergedreht. Dann aber wirklich ins Wasser damit.

Nun zur Garnitur: Neunkirchner lässt sich das Heft nicht aus der Hand nehmen, man merkt den Kochkursprofi: „Man muss ein bissl vorbereiten, ich richte das Ganze auf einem Hollerröster an." Er tut es unaufhaltsam. „Spätsommer! Dann natürlich etwas Mandarinenminze ..." „Natürlich!", echot es aus dem Raum, „was anderes wäre ja gar nicht möglich gewesen!" Meinrad ignoriert die Ironie und sagt ernst: „Man könnte auch eine chinesische Minze nehmen." Der Mann lebt eine Leidenschaft, Helge Payer ist nur mehr Passagier, scheint das aber genießen zu können. „Wir werden jetzt ein bissl Holunderröster ...", setzt er an, aber der Satz geht im Gelächter unter. Neunkirchner: „Aber wenn mir ein Patissier abgeht, weiß ich, wen ich anrufe."

MEINRAD NEUNKIRCHNER

(* 31. März 1962 in Wien) absolvierte seine Ausbildung in einigen der renommiertesten Restaurants Europas, war lange Zeit Souschef von Eckart Witzigmann im Münchner „Tantris" und eroberte dann Österreichs Feinschmecker in einigen der besten Restaurants in Wien. Seit 2006 kocht er in einem ehemaligen Beisl in Gersthof, dem „Freyenstein". Seine Menüs bestehen meist aus 5 Gängen à 2 bis 3 Gerichten und sind für Gourmets das pure Glück.

Topinambur-Mus mit Zwiebackbröseln

4 Portionen

500 g Topinambur, gewaschen und in kleine Stücke geschnitten
2 Schalotten
2 EL Butter, 1 EL Kristallzucker
Salz, weißer Pfeffer aus der Mühle
etwas Gemüsefond zum Untergießen
ein Spritzer weißer Balsamico
1 EL gehackter Ysop
1 EL Sauerrahm
3 EL Zwiebackbröseln

Die Schalotten in etwas Butter goldgelb anschwitzen. Den Zucker zufügen und ganz auflösen. Topinambur beigeben, salzen, pfeffern, mit etwas Fond untergießen und weich dünsten. Mit Balsamico abschmecken, mit Ysop und Sauerrahm verfeinern.
Gut kühlen und zerdrücken.
Nockerln formen oder in Schalen abfüllen, mit den Bröseln bestreuen.
Mit einem kleinen Salat servieren.

Weintipp: kräftiger Rotgipfler oder Zierfandler

Reh im Waldpilzsud mit Kürbis

4 Portionen

8 Rehmedaillons à ca. 70 g
Salz, schwarzer Pfeffer aus der Mühle
2 EL Sonnenblumenöl
2 Handvoll geputzte Waldpilze (Steinpilze, Eierschwammerln, Trompetenpilze, Maronenpilze …)
2 EL Walnussöl
ca. 500 ml Steinpilzfond
2 Handvoll Kürbis, geschält, entkernt und in kleine Stücke geschnitten
1 EL gezupfter Majoran
Pilzkraut zum Garnieren

Medaillons salzen, pfeffern und in Öl beidseitig anbraten. Pilze und Kürbis in Walnussöl kurz sautieren und mit dem Pilzfond auffüllen. Medaillons und Majoran beifügen und 1–2 Min. ziehen lassen. Reh mit Sud, Pilzen und Kürbis in tiefen Tellern anrichten. Mit Pilzkraut garnieren.

Tipp: evtl. Zellerpüree extra dazuservieren

Weintipp: Burgunder oder Chardonnay mit leichtem Holz

Grießknödel mit Hollerröster und gelben Himbeeren

4 Portionen

500 ml Milch
Salz
1 EL Vanillezucker
abgeriebene Schale einer ½ Zitrone
120 g Butter
130 g Grieß
2 Eier
2 Handvoll geröstete Kokosnuss

4 EL Hollerröster
1 Tasse Himbeeren

Minze zum Garnieren

Milch mit Salz, Vanillezucker und Butter aufkochen. Den Grieß dazugeben und bei kleiner Flamme so lange köcheln, bis sich die Masse vom Topf löst. Überkühlen lassen und Zitronenschale und Eier einrühren.
Kleine Knöderl formen und in Salzwasser ca. 10 Min. ziehen lassen. In Kokos wälzen, mit Hollerröster und Himbeeren anrichten und mit Minze garnieren.

Weintipp: Riesling Auslese

Grießknödel mit Hollerröster und gelben Himbeeren

Spaß am Job

Wenn der Koch **PHILIPP KOHL** im Promitreff „Adlers" über den Dächern von Innsbruck den Monoskiläufer **ROMAN RABL** begrüßt, kristallisieren sich bald mehr Gemeinsamkeiten heraus, als auf den ersten Blick zu vermuten waren.

Roman Rabl ist ein Mann der Tat. Drei knallgrüne Birnen stehen kess aufgereiht auf der Arbeitsplatte bereit, um nach rund einer Stunde das köstliche Innere knusprigen Strudelteigs abzugeben, der als Sack wieder der ursprünglichen Birnenform nahe kommt. Der Sportler wartet keine Sekunde, um im Duett mit Kohl das Grün vom Obst zu entfernen. Später stellt sich heraus, Grünzeug zählt ohnehin nicht unbedingt zum Faible der beiden. Der aus Thüringen stammende Koch ist kein Kind von Traurigkeit, aber auch kein Showman. In seinem Beruf, den er seit über zwölf Jahren in Österreich ausübt, stand er lange als Souschef haubengekrönter Kollegen im Hintergrund. Erst seit Sommer →

ROMAN RABL

(* 11. Juni 1991 in Söll am Wilden Kaiser in Tirol) ist seit einem dramatischen Skiunfall 2007 querschnittgelähmt. Zwei Jahre später startete er international bei Behindertenrennen. Rasch wurde er zu einem der besten Monoski-Allrounder der Welt. Nach Team-Gold bei der WM in Spanien 2013 und dem ersten Weltcupsieg waren die Paralympics 2014 in Sotschi sein bisheriger Karrierehöhepunkt. Seine Bilanz: dreimal Dritter in Abfahrt, Riesenslalom und Slalom.

2014 verantwortet er die Küche des modernsten Innsbrucker Hotels im „Pema-Tower". Selbst aus der Küche ist hier die Nordkette zu sehen, doch das Duo hat keinen Blick dafür. „Bei den Früchten musst immer unten erst ein Stück wegschneiden, dann tust dich leichter." Rabl nimmt den Tipp gern an und schafft es, die Birnen so exakt kleinwürfelig zu verarbeiten, dass ihm Kohl ein Jobangebot zuraunt. Der dreifache Medaillengewinner der Paralympics in Sotschi 2014, der dort mit Tempo 130 über die Piste donnerte, gibt im ungewohnten Ambiente stets ein Musterbeispiel fröhlicher Ausgeglichenheit ab. „Wichtig ist, nicht alles vom Wein gleich aufzukochen, mit dem Rest rühren wir dann das Puddingpulver kalt an", erklärt Kohl. „Ich weiß, sonst wird's klumpig", beweist Rabl, dass er die gediegene Küche in seinem Heim in Söll regelmäßig nutzt. Noch nie habe er darin mit einem Lineal gearbeitet, doch hier wird der Strudelteig präzise in 25-cm-Quadrate geschnitten. Die mit Rosinen, Zimt und dem „Weinpudding" kalt gestellte Fülle muss nun genau in der Mitte platziert werden. Dem nun bei der Zollwache beruflich abgesicherten Sportler reicht als gelernter Grafiker das Augenmaß.

Weil, das sei verraten, Fotograf Andi auf perfekte Fotos Wert legt, wird der Strudelteig über Gebühr eingepinselt. „Das wird eine knusprige Sache", prognostiziert der Koch. Strudelteig ist eine heikle Sache. Bei allen Qualitätsunterschieden gilt doch für alle: Hat er einmal die Folie oder das Tuch verlassen, muss er rasch verarbeitet werden, „sonst trocknet er und reißt", warnt Kohl.

> **„Für mich geht alles, außer Käse. Dabei hat mir der Papa als Kind Geld angeboten, damit ich ihn probier.“**
>
> ROMAN RABL

Die Dessertzubereitung geht dem Finale entgegen. „Für alle, auch die Sportler, ist das wichtigste Alkohol“, scherzt der Koch, als nach dem bereits verarbeiteten Wein für die Joghurtcreme ein kräftiger Schuss Cointreau eingesetzt wird. Zusammen mit dem Hollersirup sorgt der einfache Trick für einen außergewöhnlichen Akzent. Die beiden, deren Karriere noch lange nicht ihren Höhepunkt erreicht hat, entdecken beim abschließenden Essen Gemeinsamkeiten. Roman Rabl: „Für mich geht alles, außer Käse. Dabei hat mir der Papa, ein Senner, als Kind Geld angeboten, damit ich ihn probier.“ Philipp Kohl: „Käse hass ich auch wie die Pest.“ Beide sind also, wenn sie nicht gerade ein Dessert zubereiten, eher Fleischtiger. Wobei sich der erst 23-jährige Sportler, dessen Oberkörper bei einem T-Shirt-Wechsel die Blicke auf sich zieht, als perfekter Kalorienvernichter outet: „Egal was und wie viel ich esse, ich nehme nicht zu.“ Aktuell – wir treffen ihn im Sommer – wirft er für sich sowie seine Freunde und Familie am liebsten den Griller an. Steak und Lachs landen da drauf – oder eine Wurst. Dabei denken hier auf der Terrasse des Adlers alle sofort an „Conchita“, trat diese doch kurz zuvor hier beim Hotel-Geburtstagsfest auf.
Das Küchenduett ist aber schon wieder bei Handfesterem angelangt. „Wenn du ein Steak brauchst, kannst du ja beim Zoll eine Kuh beschlagnahmen“, schlägt Kohl vor, um den verwegenen Sportler (Motto: „Skiing on the Edge“) zu einem weiteren Besuch einzuladen. „Wir hätten da ein T-Bone mit 600 Gramm für dich.“

PHILIPP KOHL

(* 7. Februar 1983 in Greiz, Thüringen) lebt als gebürtiger Deutscher nun in Innsbruck. Nach seiner Kochausbildung im Gasthof „Zur Linde“ in Lunzing in Deutschland durchlief er unter anderem Stationen als Souschef im Romantikhotel „Schwarzer Adler“ in Innsbruck oder im „Das Schindler“ ebenda. Seit August 2014 bekocht Kohl, der auch die Ausbildung zum diplomierten Diätkoch absolviert hat, als Chef de Cuisine die Gäste im Hotel Adlers in Innsbruck.

Osttiroler Schlipfkrapfen mit brauner Butter, Bauernkäse und Spinat

4 Portionen

Für den Teig
400 g Roggenmehl
etwas Sonnenblumenöl
1 Prise Salz
etwas lauwarmes Wasser

Für die Füllung
400 g mehlige Kartoffeln
100 g Schalottenwürfel
80 g Topfen
1 Knoblauchzehe
100 g Blattspinat (frisch oder von Iglo)
1 Bund Schnittlauch
Majoran, Basilikum nach Geschmack
200 g Butter
200 g Bauernkäse (variieren nach Lust und Laune)

Das Roggenmehl mit Salz, ein paar Tropfen Sonnenblumenöl und Wasser zu einem Teig verkneten und rasten lassen.
Die Kartoffeln in Salzwasser kochen. Währenddessen Spinat und Schnittlauch fein schneiden, den Käse reiben und zur Seite stellen. Die weich gekochten Kartoffeln abgießen und heiß passieren. Mit Salz, Pfeffer, Majoran, Basilikum, Spinat sowie der Hälfte vom Schnittlauch und Topfen vermengen. Die Schalottenwürfel und die zerdrückte Knoblauchzehe in ca. 50 g Butter anrösten und unter die Kartoffelmasse heben.
Den Teig etwa 5 mm dick ausrollen und kleine, runde Formen ausstechen. Etwas Fülle daraufsetzen und zu Halbmonden zusammenlegen. Die Ränder gut andrücken! In Salzwasser etwa 5 Min. köcheln lassen.
Auf Tellern anrichten, mit geriebenem Käse und Schnittlauch bestreuen und mit brauner Butter übergießen.

Weintipp: klassischer Welschriesling oder Weinviertel DAC

Gegrillte Perlhuhnbrust auf Artischocken-Schmortomaten-Gröstl

4 Portionen

320 g Grenaille- oder La-Ratte-Kartoffeln (alternativ: Kipfler)
120 g sonnengetrocknete Tomaten
160 g eingelegte Artischockenherzen
75 g junge Erbsen (frisch oder von Iglo, aufgetaut)
4 Perlhuhnbrüste à 160 g
1 Zehe Knoblauch, in feinen Streifen
2 Schalotten, in Würfel geschnitten
2 Tassen Kresse (wenn möglich Sakura-Mix-Kresse)
Salz und Pfeffer
Öl und Butter zum Braten

Die Kartoffeln schälen, halbieren und in Salzwasser kochen, bis sie bissfest sind. Währenddessen die Erbsen auftauen lassen, die Tomaten in Streifen schneiden und die abgetropften Artischockenherzen vierteln. Wenn die Kartoffeln bissfest gekocht sind, abgießen und beiseitestellen.
Nun die Perlhuhnbrüste auf der Hautseite mit wenig Öl knusprig anbraten. Auf der Filetseite mit Salz und Pfeffer würzen, dann kurz wenden und im vorgeheizten Backrohr bei 180 °C ca. 7–8 Min. fertig garen.
Wenn die Hühner im Rohr sind, die Kartoffeln mit etwas Öl in einer Pfanne anbraten, bis sie goldgelb sind. Dann etwas Butter, die getrockneten Tomaten, Artischocken, Jungerbsen, Knoblauch und Schalottenwürfel zugeben und alles gemeinsam kurz durchschwenken. Mit Salz und Pfeffer abschmecken und auf vier Teller aufteilen. Die gegarten Perlhühner aus dem Rohr nehmen, in der Mitte halbieren und auf das Gröstl setzen. Mit der Kresse garnieren.

Weintipp: kräftiger Grüner Veltliner

Birnenstrudelsäckchen auf Holunderjoghurt

4 Portionen

30 g Rosinen
etwas Rum
320 g Birnen, geschält und entkernt
100 g Butter
250 ml Weißwein
20 g Zucker
1 Msp. Zimt
1 TL Vanillezucker
20 g Puddingpulver
1 Pkg. Iglo-Strudelteig
480 g Naturjoghurt
40 g Holundersirup
10 ml Cointreau
Staubzucker zum Bestreuen

Rosinen in etwas Rum und kaltem Wasser einweichen. Die geschälten Birnen in kleine Würfel schneiden und beiseitestellen. Die Butter in einem kleinen Geschirr schmelzen und ebenfalls zur Seite stellen. 200 ml Weißwein mit Zucker, Zimt und Vanillezucker aufkochen, den restlichen Wein mit dem Puddingpulver vermengen und unter Rühren zu der kochenden Masse geben. Nun so lange kochen, bis die Creme wieder klar wird und eine dickflüssige Konsistenz erreicht ist. Die Birnenwürfel und die ausgedrückten Rosinen dazugeben und alles im Kühlschrank abkühlen lassen.
Währenddessen 4 Strudelteigblätter in 25 mal 25 cm große Stücke schneiden und mit der flüssigen Butter bestreichen. Nun die ausgekühlte Masse auf 4 Portionen aufteilen und jeweils in die Mitte der Blätter geben. Den Strudelteig zu kleinen Säckchen verschließen und anschließend mit der restlichen flüssigen Butter bestreichen. Im vorgeheizten Ofen bei 180 °C ca. 15–20 Min. goldgelb backen.
Nun das Jogurth mit dem Holundersirup und etwas Cointreau vermengen und auf 4 tiefe Teller aufteilen. Die gebackenen Birnensäckchen in die Mitte der Teller geben und mit Staubzucker bestreuen.

Weintipp: Grüner Veltliner Auslese

Birnenstrudelsäckchen auf Holunderjoghurt

Backe, backe Kuchen

Als ehemaliger Rennrodler ist **MARKUS PROCK** Geschwindigkeiten gewohnt. **ANNEMARIE BORTOLI,** Chefpatissière im Vienna Marriott Hotel, zeigt ihm hingegen, dass man sich gerade für die süßen Genüsse auch einmal ein bisschen Zeit lassen muss.

Markus Prock hat beruflich immer wieder im Wiener Hotel Marriott zu tun, das Haus ist ihm vertraut, man sieht's an der Selbstverständlichkeit, mit er mit seinem Rollkoffer die Lobby betritt. Er nimmt hier gut zehnmal jährlich Termine bei Veranstaltungen des Österreichischen Rodelverbandes oder des ÖOC wahr und schätzt auch die hiesige Küche. Das ist auch der Grund, warum er hier für unser Kochbuch kochen wollte. Das Marriott legt besonderes Gewicht darauf, die Sportszene zu fördern. Als ausgewiesen amerikanisches Hotel – diese Orientierung zeigt sich auch an den Rezepten, die die Küchenleitung für dieses Buch ausgewählt hat – hat man sich sehr früh den US-Sportarten gewidmet. So gab es hier die ersten, wie man heute sagen würde, *public viewings* in der Super-Bowl- →

MARKUS PROCK

(* 22. Juni 1964 in Innsbruck) ist ehemaliger Rennrodler. Der 50-Jährige betreibt eine eigene Sportagentur in Innsbruck und gehörte zu den Teilnehmern der ORF-Fußballshow „Das Match“ im Jahr 2008. Der Sportler holte in seiner Disziplin zweimal Olympiasilber – 1992 und 1994. In den Jahren 1987, 1996, 1997 und 1999 wurde Markus Prock Weltmeister, in den Jahren 1994, 1998 und 2002 Europameister, außerdem holte der Tiroler 1994, 1998 und 2002 noch EM-Bronze.

Nacht. Das Marriott sponsert den Footballclub Vienna Vikings, tut etwas für den ÖOC, die Paralympics und auch für die Sporthilfe, nicht zuletzt mit der Patenschaft für Markus Procks Kochlehre.
Auch wenn der hier Stammgast ist, in der Patisserie war er noch nie. Und er musste zwar schon oft im Marriott arbeiten, aber einen Mürbteig hat er hier noch nie gemacht. Annemarie Bortoli weist ihn in die Zutatenliste ein und Markus fängt zu mischen an: zuerst die trockenen Teile, also Zucker, Mehl, Vanillezucker und Salz, dann gibt er die warme Butter dazu und am Schluss zwei Eier. Das in den Schalen verbliebene Eiklar möchte er gern, wie man das im Haushalt immer tut, mit den Fingern herausstreichen, aber Annemarie schreitet resolut ein: „Das darf man nicht!“ Staunen bei Markus, aber die Chefin sagt kurz: „Wegen der möglichen Salmonellen, die man dann mit den Fingern vertragen kann.“ Alles klar. Unerhört kompetent verknetet Prock alles zu einem Teig, der dann im Kühlschrank eine halbe Stunde rasten soll.

Damit das Ganze nicht zu lange dauert, hat Bortoli einen fertigen Teig bereitgehalten. Den rollt Markus mit einem Rollholz (früher hat man zu so etwas „Nudelwalker“ gesagt) auf ca. 4 mm Stärke aus. Damit der Teig nicht am Walker picken bleibt, geschieht das unter

> Ich hab immer sehr auf meine Ernährung geachtet. Ich musste in meinem Sport natürlich immer auf die Kraft schauen. MARKUS PROCK

einem Blatt Backpapier. Dann zeigt die Patissière noch einen Trick: Der ausgerollte Teig wird „gestupft", das heißt, Markus Prock muss mit einer Gabel in halbwegs gleichmäßigen Abständen Löcher in den Teig stechen, damit er beim Backen nicht aufgeht. Dann wird dieser hellbraun gebacken. In der Wartezeit plaudert der mehrfache Rodelweltmeister ein wenig über seine Essgewohnheiten: „Ich hab immer sehr auf meine Ernährung geachtet. Ich musste in meinem Sport natürlich immer auf die Kraft schauen, ich hab viel Fleisch gegessen, aber ich pass schon auf darauf, dass ich gesund ess. Aber selbst kochen tu ich nicht. Nur grillen kann ich einigermaßen." Wie er kulinarisch aufgewachsen ist? „Mein Lieblingsgericht war immer Cordon bleu, Schwein, Pute oder Kalb, mit Petersilkartoffeln. Und am Freitag hat's immer Spinat gegeben. Es war immer eine gesunde Mischkost. Und heute pass ich auch darauf auf. Ich hab zum Beispiel immer meinen eigenen Honig mit auf Reisen." Die Käsemasse wird verrührt, dann tönt eine „Rätätätäää"-Fanfare aus dem Backofen, die das Ende der Mürbteig-Backzeit verkündet und allgemeines Gelächter auslöst. Der Teig wird zerkleinert und auf den Boden der Backform gedrückt, er wird im fertigen Kuchen nur mehr von der daraufgefüllten Käsemasse zusammengehalten werden. „Des is a richticher Kuchen des", staunt Markus sehr tirolerisch über die Kuchentrümmer, die dabei herauskommen. Und Frau Bortoli weiß ebenso wie die anwesenden Marriott-Manager, dass von dieser Torte in ihrem Restaurant normalerweise niemand zwei Stück schafft: „Davon bist du stundenlang satt. Das ist sehr amerikanisch."

ANNEMARIE BORTOLI

(* 2. März 1970 in Leoben) machte nach der Hauswirtschaftsschule in Großlobming eine Lehre zum Konditor bei Hubert Schaffer in Pausendorf und absolvierte1994 die Konditor-Meisterprüfung mit Lehrlingsausbilderprüfung. Die Mutter eines 12-jährigen Sohnes arbeitete von 2003 bis 2013 als Chefpatissière im Hilton Plaza Hotel und ist seit 2014 Chefpatissière im Vienna Marriott Hotel. Besonders stolz ist sie darauf, dass sie die Hauptverantwortung in allen Bereichen bei Caterings mit bis zu 5000 Personen trägt.

Caesar Salad

4 Portionen

250 g Römersalat (Bummerl)
5 Scheiben Toastbrot
60 g frisch gehobelter Parmesan

Dressing
3 Sardellenfilets / 1 Eidotter / ⅛ l Olivenöl
1 TL Dijon-Senf / 1 Spritzer Worcestershire-sauce / 1 Knoblauchzehe / Salz / frisch gemahlener Pfeffer / Saft von 1–2 Limetten

Den Römersalat waschen, gut abtropfen lassen und in kleine, mundgerechte Stücke zupfen. Die Toastbrotscheiben entrinden, das Brot in Würfeln schneiden und in einer Pfanne mit etwas Olivenöl und Knoblauch knusprig rösten. Für das Dressing die Sardellen klein schneiden, mit Limettensaft vermengen und kurz stehen lassen. Senf, Worchestershiresauce, Salz, Pfeffer, Eidotter und die marinierten Sardellen mit einem Schneebesen oder Stabmixer glatt rühren. Danach das Olivenöl langsam beimengen und zu einer sämigen Marinade vermischen. Salat mit Dressing vermengen und auf Tellern anrichten. Am Ende mit Croûtons und frisch gehobeltem Parmesan bestreuen.

Weintipp: spritziger, klassischer Grüner Veltliner

Cajun Roast Turkey mit Cranberry-Orangen-Chutney

4–6 Portionen

1 Truthahn (ca. 2,5 bis 3 kg)
2 Äpfel
2–3 Stangen Sellerie
1 Zwiebel
4 EL Olivenöl
Salz
Pfeffer
250 ml Geflügelfond
2 EL Honig
50 g zerlassene Butter
Mehl

Gewürzmischung
2 TL Salz / 1 TL schwarzer gemahlener Pfeffer / 1 TL Cayennepfeffer / 1 TL Knoblauchpulver / 1 TL Zwiebelpulver / 1 TL getrockneter Thymian / 1 TL getrockneter Oregano / 1 TL Paprikapulver

Chutney
340 g frische Cranberries / 4 Orangen / 100 g Zucker / 200 ml Cranberrysaft / 100 ml Weißwein / 1 Zimtstange / 6 Sternanis

Truthahn innen und außen mit Salz und Pfeffer würzen, danach mit der Gewürzmischung und Öl gut einreiben. Äpfel und Stangensellerie in grobe Würfel schneiden und den Truthahn füllen. Die Öffnung mit einem Spieß verschließen.

Zwiebel schälen, grob würfeln und in eine Bratpfanne geben, Truthahn darauflegen und mit der Hälfte des Fonds untergießen. Im vorgeheizten Rohr (untere Schiene) ca. 40 Min. bei 190 °C braten. Danach die Temperatur auf 160 °C reduzieren und ca. 1,5 Stunden weitergaren. Den restlichen Fond immer wieder übergießen. Der Truthahn ist fertig gebraten, wenn beim Anheben nur noch klarer Bratensaft austritt. Am Ende die Temperatur auf 200 °C erhöhen, den Truthahn mit der Honig-Butter-Mischung bestreichen und knusprig fertig garen. Truthahn aus dem Rohr nehmen, den Bratensaft durch ein Sieb seihen und eventuell mit Mehl binden.

Chutney
Cranberries verlesen. Die Orangen schälen, filetieren und den Saft aufbehalten. Zucker in einem Topf honigfarben karamellisieren lassen und die Cranberries zugeben. Unter Rühren weiter dunkel karamellisieren lasen, Orangenfilets, Orangensaft, Cranberrysaft, Weißwein, Zimt und Sternanis beigeben und bei mäßiger Hitze so lange kochen, bis eine sämige Sauce entsteht. Am Ende Zimt und Sternanis entfernen.

Weintipp: Leithaberg DAC Reserve, weiß

Cranberry Cheesecake

4 Portionen

ein Tortenring mit 14 cm Durchmesser

Mürbteig
50 g Zucker / 100 g Butter / 200 g Mehl, glatt (Typ 750) / 2 Eier / Vanillezucker, Salz

Cheesecake-Masse
1000 g Philadelphia-Käse / 400 g Sauerrahm / 300 g Zucker / 150 g Cranberries, getrocknet / 6 Eier / Vanillezucker, Salz

Dekoration
40 g Cranberries, getrocknet / 80 g Milchschokolade

Mürbteig Mehl, handwarme Butter, Ei, Zucker und Aromen zu einem Teig kneten, zugedeckt im Kühlschrank ca. eine halbe Stunde rasten lassen. Danach 4 mm dick mit Rollholz ausrollen und mit einer Gabel stupfen (kleine Löcher in den Teig stechen, damit der Teig beim Backen nicht aufgeht). Bei 180 °C im Backofen hellbraun backen. Mürbteig auskühlen lassen, danach zerkleinern und mit Butter und Zucker vermengen. Die Mürbteig-Crumbles am Boden des Tortenrings und an der Innenseite andrücken. Bei 180 °C 10 Min. anbacken.

Zubereitung des Cheesecakes Philadelphia-Käse mit Sauerrahm verrühren, dann Zucker und Aromen beifügen. Eier unterheben. In den ausgekühlten Mürbteigmantel ein Drittel der Cheesecake-Masse einfüllen, Cranberries darüberstreuen und mit der restlichen Cheesecake-Masse auffüllen. Bei 145 °C eine Stunde backen. Den fertig gebackenen Cheesecake 24 Stunden auskühlen lassen und vorsichtig aus dem Tortenring lösen. Mit Schokolade-Cranberry-„Crosis“ ausdekorieren.

Weintipp: Muskatellersekt, süß

Cranberry Cheesecake

PER FEKTION GROSS KÜCHE

LOHBERGER KÜCHEN COMPETENCE CENTER

Die Lohberger Gruppe steht, unter dem Dach der Austro Holding, mit den vier Sortimentsbereichen Lohberger Küchen Competence Center (Großküchen), Lohberger Heiz+Kochgeräte (Holzherde+Kaminöfen), Lohberger Heiztechnik (Zentralheizungskessel), sowie Omeras Raschau (Emaillierung) für 100% österreichische Handwerkserzeugnisse. Das Unternehmen beschäftigt derzeit 270 Mitarbeiter am Standort Schalchen/OÖ. Seit der Unternehmensgründung 1925 finden am oberösterreichischen Stammsitz Entwicklung, Produktion und der Vertrieb von Holzherden, Kaminöfen, sowie die Produktion der Großküchenlösungen statt. Mit der Sparte Lohberger Küchen Competence Center GmbH bietet die Lohberger Gruppe ein einzigartiges ganzheitliches Dienstleistungspaket an und erfüllt sämtliche Anforderungen von Gastronomie, Hotellerie, Großverpflegung, Systemgastronomie und Catering.

Der Kunde möchte heute nicht mehr „einfach eine Küche kaufen“, so Geschäftsführer Reinhard Hanusch und führt weiter aus: „es geht um optimale Ressourcennutzung mit dem Ziel einer gesamtheitlichen und maßgefertigten Küchenlösung- und die bieten wir dem Kunden.“ Entsprechend der Firmenphilosophie „alles aus einer Hand“, setzt die Lohberger Küchen Competence Center GmbH den Dienstleistungsgedanken mit einer allumfassenden Beratung um, die weit über die Wahl von Herdplatten und Schrankfronten hinaus geht.

Aktuelle Entscheidungsgrundlagen wie Ressourcen-, Umwelt- und Kostenmanagement werden ebenso berücksichtigt wie Ablaufplanung, Personaleinsatz, Energieoptimierung, Investitionsrechnung, Abfallwirtschaft und Förderungsmanagement. „Der Prozess der ganzheitlichen Beratung beginnt für den Kunden mit dem Erstgespräch und hat kein Ablaufdatum weil wir in ständigem Kontakt mit unseren Kunden sind. Unsere Philosophie sind langfristige Partnerschaften, daher bestehen viele unserer Netzwerke bereits über Jahrzehnte“, so GF Reinhard Hanusch. Darüber hinaus gelten Lohberger-Küchen als ‚unkaputtbar‘.

Apropos Partner: das Netzwerk Lohberger Friends erstreckt sich mittlerweile weit über Österreichs Grenzen hinaus und bietet eine Premium-Plattform für Opinion-Leaders und Brancheninsidern zum Networking und Austausch über Trends in den Bereichen Küchentechnik, Planung und high-end Produkte. Seit 2013 gibt es mit der Lohberger Küchen Competence Center Schweiz AG eine weitere internationale Dependance der Lohberger-Gruppe.

„Die Positionierung als einziger gesamtheitlicher und schnellster Großküchenhersteller Österreichs, ermöglicht uns und unseren Partnern ein langfristiges und nachhaltiges Wachstum, sowohl organisch als auch durch mögliche Zukäufe zur Erweiterung des Produktangebotes“, Geschäftsführer der Lohberger Küchen Competence Center GmbH, Reinhard Hanusch.

LOHBERGER®

Genussvoll aus dem Tal der Tränen

Wenn Skispringer **MANUEL FETTNER** von der Bergiselschanze zum nahen Restaurant des aufstrebenden Edelkochs **TAMER KACAR** kommt, geht es ordentlich zur Sache. Kreativ und zünftig.

Der Team-Weltmeister von 2013 kommt direkt die knapp zwei Kilometer vom Mannschaftstraining auf der Bergiselschanze in „Die Mühle": „Super ist's heute gelaufen." Doch ehe er selbst Hand anlegt, will er sich ein Bild von den Fähigkeiten seines Gastgebers machen, denn obwohl Skispringer häufig als Strich in der Landschaft gesehen werden, schreit der Magen nach dem Training doch nach Kalorienzufuhr.
Ein Tiroler Gröstl später geht es in die Küche, um sich verfeinerten Kreationen des ersten türkischstämmigen Küchenmeisters in Österreich zu widmen. Kacar kam mit 17 Jahren ohne ein Wort Deutsch zu können als →

MANUEL FETTNER

(* 17. Juni 1985 in Wien, lebt in Innsbruck) wurde Skisprung-Team-Weltmeister 2013 in Val di Fiemme. Mit der Ausfahrt auf nur einem Ski rettete er am letzten WM-Tag Österreichs einziges Gold. Im zarten Alter von 15 Jahren wurde er in Bischofshofen Fünfter im Rahmen der Vierschanzentournee. Weitere Erfolge: 3. Platz Weltcup Oberstdorf und 4. Gesamtwertung Vierschanzentournee (2010/11), 3-facher Studentenweltmeister (2 x 2005, 2007) sowie österreichischer Meister 2013.

Tellerwäscher nach Vorarlberg. Noch ist das Migrantenmärchen zum Millionär nicht ganz vollendet. Dem Sportler wie dem Edelkoch ist bewusst: ohne Arbeit kein Erfolg.

Für Fettner bedeutet das vorerst einmal Karotten schneiden, Zwiebeln überlässt er dem Chef, denn die Skibrille sei zu weit. Als die Zwiebeln gemeinsam mit den Karotten im Topf landen, kommen dem 29-Jährigen doch die Tränen. „Gewöhnt man sich da nie dran?“, schnieft er. „Na ja, es wird besser“, tröstet der Koch. – Ein wenig Zucker, damit sich das Aroma besser entfaltet, und die vorher kunstvoll ausgelöste Vanille folgen. „Ins Püree bauen wir mit dem Reis die notwendigen Kohlehydrate ein“, betont er die sporttaugliche Komposition. „Wir sind typische Schnellkraftsportler, Eiweiß steht im Vordergrund, Kohlehydrate werden eher gemieden“, beweist der Profi, dass die Auseinandersetzung mit der Ernährung Teil seines Berufes ist. Vor einigen Jahren absolvierte das Nationalteam sogar einen gemeinsamen Kochkurs.

Dazwischen wieselt immer wieder Erol (9) mit seinem feschen weißen Kochjackerl als „Küchenhilfe“ und Karottenknabberer herum. Obwohl an der Entstehung der Speisen sehr interessiert, sieht er seine Zukunft eher als Fußballer, vielleicht auch als Sänger. In erster Linie war aber eines klar: „Papa, ich will auch so eine Haarfrisur.“

> **Der kostet die brennheißen Soßen wie nix.**
>
> MANUEL FETTNER

Nach bald zwei Stunden nähert sich die Gourmetversion einer sanft gebetteten Entenbrust dem Finale. Zuvor hatte Fettner noch gelernt, wie man die Haut abzieht, dass Salz und Gewürze immer von hoch oben rieseln und Minikarotten mit dem Löffelrücken abgerieben werden. Und er hat sich eingebracht, etwa als die Kochtemperatur von der Rezeptur abwich – und beim Abschmecken: „Genial, nur ein bisserl Pfeffer fehlt." Ihn begeisterte aber auch der Aufkleber „A bisserl mehr Hirn" am Küchenofen: „Den könnte man manchmal auch bei den Punkterichtern oder Interviewern einsetzen." Schließlich geht's mit der duftenden Ente zu Tisch. Als kurz Ruhe einkehrt, begründet Fettner spontan: „Wir sind überwältigt vom Essen." Gegenseitigen Respekt belegen Sätze wie „Der kostet die brennheißen Soßen wie nix" oder „Niemand könnte mich dazu bringen, dort den Anlauf hinunterzufahren", wenn Tamer Kacar Richtung Schanze zeigt. Sein Sport ist der Skilauf, einer der Gründe, warum er 2011 mit seiner slowakischen Frau Innsbruck zu seiner Heimat erkor.

Einmal in Schwung verschwindet das Kochdoppel nochmals in der Küche, um ein extra für den Springer kreiertes Dessert zu richten. Schlicht ist Fettners Aufgabe: Mannerpackerl aufreißen und die Schnitten in die aufkochende Milch mit Obers werfen. Schließlich gibt's noch einen Tipp: „Immer wenn du was für später kalt stellst, decke es in noch warmem Zustand mit der Folie ab." Das mit Zwetschkenröster und geräucherter Haselnuss servierte Mannerschnitteneis wird schließlich in der Küche genossen, denn schon fahren die ersten Abendgäste vor.

TAMER KACAR

(* 1973) folgte mit 17 Jahren seiner Mutter aus der Türkei nach Vorarlberg. Selbst Kochsohn, begann er als Tellerwäscher. Kacar arbeitete nach der Lehre u. a. bei Johann Lafer in Deutschland. Die Partnerschaft mit dem nahe gelegenen Unternehmen „Personalshop" ermöglichte ihm den Aufbau des Restaurants „Die Mühle" in Gärberbach (Innsbruck-Süd). Im Vorjahr machte er als erster Österreicher türkischer Abstammung den Titel „Küchenmeister".

Marinierte Jakobsmuscheln

4 Portionen

Lycheemarinade
1 Dose Lychees, 1 St. Zitronengras
20 g Ingwer
1 Dose Gazoz (türkisches Limonadengetränk), 2 EL Reisessig, Saft einer ½ Limette
Salz, Pfeffer, Cayennepfeffer

Marinierte Jakobsmuscheln
15 St. Jakobsmuscheln, 10 St. Lychees
3 EL Saiblingskaviar, 1 EL geschälter rosa Pfeffer, 2 EL Olivenöl, Saft einer ½ Limette
Salz, Pfeffer, Zucker

Lycheeschaum
Lycheemarinade, Cayennepfeffer, Salz
1 Msp. Lezithin, Maldonsalz (ersatzweise Fleur de Sel) und Austernkresse (Brunnenkresse) zum Anrichten

Lycheemarinade
10 Stück Lychees herausnehmen und zur Seite legen. Alle restlichen Zutaten zusammen im Thermomix mixen, abpassieren und abschmecken.
Jakobsmuscheln
10 Jakobsmuscheln in Scheiben schneiden und mind. 1 Stunde in der Hälfte der Lycheemarinade einlegen. 5 Jakobsmuscheln und Lychees in kleine Würfel schneiden und mit rosa Pfeffer, Saiblingskaviar und Gewürzen abschmecken. Die übrige Hälfte der Lycheemarinade leicht erwärmen, mit den Gewürzen gut abschmecken und mit einer Messerspitze Lezithin aufmixen.
Die marinierten Jakobsmuscheln auf dem Teller verteilen. Die geschnittenen Würfel wenn möglich in einer runden Form (2 cm Durchmesser) stempeln und auf den Teller geben.
Den Lycheeschaum über den in Würfeln geschnittenen Jakobsmuscheln verteilen und mit Austernkresse garnieren. Zum Schluss eine Prise Maldonsalz darüberstreuen.

Weintipp: trockener Muskateller oder Riesling

Ente mit Karotten-Vanille-Püree

4 Portionen

4 St. Entenbrust, Salz, Pfeffer

Kruste
150 g Butter
100 g Panko-Brösel (ersatzweise Salzcracker, im Mörser zerstoßen)
½ Zehe Knoblauch

Karotten-Vanille-Püree
1 kg Karotten, 1 Zwiebel
1 Zehe Knoblauch
3 St. Tahiti- oder Bourbonvanilleschoten
100 g Reis
500 g Gemüse- oder Geflügelfond
100 g Noilly Prat (trockener Wermut)
100 g weißer Portwein, 100 g Sahne
4–5 Ecken weiße Manner-Schokolade
Öl, Salz, Pfeffer, Cayennepfeffer

Kruste: Für die Kruste die Butter und die Brösel goldbraun rösten, dünn ausrollen und einfrieren. Die Haut von den Entenbrüsten abziehen und diese mit Salz und Pfeffer würzen. Anschließend mit Frischhaltefolie möglichst luftdicht umwickeln und zusätzlich in Alufolie einwickeln. Die Brüste dann in einem 65–70 °C heißen Wasserbad 11–13 Min. ziehen lassen. Herausnehmen, auspacken und mit der Kruste gratinieren.
Karotten-Vanille-Püree: Die Karotten schälen und grob raspeln. Die Zwiebel in kleine Würfel schneiden. Die Karotten, den Reis, die Zwiebel und den Knoblauch in Öl farblos anschwitzen und mit dem Noilly Prat und dem Portwein ablöschen. Das Ganze kurz einreduzieren und schließlich mit Fond aufgießen. Einmal aufkochen und reduzieren. Schließlich Sahne beigeben, das Ganze zu einem feinen Püree mixen und dabei die Schokoladewürfel dazugeben. Zum Anrichten eignen sich bissfest gekochte Minikarotten und eine geschmackvolle Reduktion aus Karottensaft, Orangensaft und Vanille. Als Sauce eignet sich eine mit Orangenzesten, Kaffeebohnen und dunkler Manner-Schokolade (70 %) verfeinerte Entensauce.

Weintipp: Chardonnay, im Holz ausgebaut

Mannerschnitteneis mit kandiertem Ingwer auf Zwetschkenröster und geräucherter Haselnuss

4 Portionen

250 g Milch, 250 g Sahne
225 g Mannerschnitten (3 x 75-g-Packung)
50 g pasteurisiertes Eigelb
5 g Amaretto, 15 g kandierter Ingwer

Zwetschkenröster
100 g Rotwein, 50 g Portwein
75 g Zucker, 20 g Maizena
¼ Zimtstange, 5 zerstoßene Korianderkörner
250 g Zwetschken

geräucherte Haselnüsse
100 g Haselnüsse, Haselnussöl, Staubzucker

Die Milch und Sahne einmal aufkochen, die Mannerschnitten darin einlegen und über Nacht stehen lassen. Das Eigelb über einem Wasserbad zur Rose abziehen, den kandierten Ingwer in feine Würfel schneiden, alles zusammenrühren, mit dem Amaretto verfeinern und in einer Eismaschine frieren.
Zwetschkenröster: Rotwein, Portwein, Zucker, Zimtstange und Korianderkörner einmal aufkochen und ziehen lassen. Anschließend nochmals aufkochen und mit Maizena dickflüssig abbinden. Die Masse auf ein Blech gießen und die halbierten Zwetschken darauf verteilen, anschließend bei 160 °C eine halbe Stunde in den Ofen geben.
Geräucherte Haselnüsse: Die Haselnüsse eine halbe Stunde in den Räucherofen geben und anschließend mit Haselnussöl beträufeln. Die noch warmen Nüsse mit Staubzucker bestreuen.

Weintipp: Welschriesling TBA

Mannerschnitteneis mit kandiertem Ingwer auf Zwetschkenröster und geräucherter Haselnuss

Vizepräsident Abg. z. NR Hermann Krist, Generalsekretärin Mag. Petra Huber, Präsidentin BM a. D. Maria Rauch-Kallat, Robert Wösner (Backaldrin), Doppel-Goldmedaillengewinner Markus Salcher, Küchenchef Gottfried Gansterer vom Team Modul.

© ÖPC/Baldauf

Roman Rabl

© GEPA pictures

Auf dem Weg von SOTSCHI 2014 nach RIO 2016

Großartige ÖPC-Bilanz in Sotschi – Versprechen für die Zukunft.
Mit 2 Gold-, 5 Silber- und 4 Bronzemedaillen und damit Platz 9 im Medaillenspiegel erzielte das Team des Österreichischen Paralympischen Committees bei den XI. Winterspielen SOTSCHI 2014 eine großartige Bilanz. Die Leistung ist umso beachtlicher, als das ÖPC-Team mit nur 13 SportlerInnen am Start war und damit eine der kleinsten Delegationen seit Jahren stellte. Großer Star des Teams war der erst 22-jährige Kärntner Markus Salcher mit Gold in Abfahrt und Super-G sowie Bronze im Riesenslalom.

Erwartungen übertroffen. Spekuliert hat Markus Salcher mit einer Medaille, gehofft auf zwei, nachdem er bereits im Weltcup regelmäßig auf dem Podest gestanden war. Dass er am Ende Sotschi als erfolgreichster ÖPC-Athlet verlassen und das Team als Fahnenträger bei der Schlussfeier ins Olympiastadion führen sollte, damit hatte er nicht gerechnet.

11 Medaillen für 5 AthletInnen. Die 11 ÖPC-Medaillen sind auf fünf SportlerInnen aufgeteilt. Alle fünf wurden vor den Spielen zu den MitfavoritInnen gezählt und sind dieser Rolle auch gerecht geworden. Neben Markus Salcher durfte auch Roman Rabl dreimal über Edelmetall jubeln, dreimal in Bronze (Slalom, RSL, Superkombination, sitzend). Jeweils zweimal Silber gewannen Matthias Lanzinger (Super-G, Superkombination, stehend) und Claudia Lösch (Super-G, RSL, sitzend). Die fünfte Silbermedaille steuerte Philipp Bonadimann (Slalom, sitzend) bei.

Matthias Lanzinger

© GEPA pictures

Claudia Lösch

© GEPA pictures

Versprechen für die Zukunft. Mit Markus Salcher, Roman Rabl und Matthias Lanzinger haben drei große Medaillenhoffnungen ihre ersten Medaillen bei Paralympischen Spielen gewonnen. Von ihnen dürfen wir uns noch viel erwarten. Große Talentproben haben auch die Youngsters Martin Würz und Thomas Grochar abgelegt. Für NachfolgerInnen ist also gesorgt. Sie haben bereits an der Weltspitze angeklopft und sind große ÖPC-Hoffnungen für PYEONGCHANG 2018.

XV. Sommer-Paralympics in RIO 2016.
Am 7. September 2014 waren es noch genau zwei Jahre bis zu den XV. Sommer-Paralympics vom 7. bis 18. September 2016 in Rio de Janeiro. Es sind die ersten Spiele in Südamerika. Rund 4350 AthletInnen aus 176 Nationen werden in 22 Sportarten an den Start gehen. Para-Kanu und Para-Triathlon sind in RIO 2016 zum ersten Mal dabei. Die Vorbereitungen des Österreichischen Paralympischen Committees sind bereits angelaufen.

Insgesamt wird es in RIO 2016 528 Medaillenentscheidungen geben. Die Schauplätze der Wettkämpfe sind Deodoro, Barra, die Copacabana und das legendäre Maracanã-Stadion. Das Organisationskomitee rechnet mit 1,8 Millionen verkauften Tickets. 25.000 Volunteers und 8000 Angestellte werden bei den Spielen in RIO 2016 im Einsatz sein.

Nobel-italiener

MICHAEL KONSEL, in seiner Zeit bei AS Roma einerseits „Miki", andererseits „Er Pantera" genannt, kocht in Wiens schickstem italienischem Lokal und entpuppt sich als Bauer.

Zuhause kocht ja meine Frau", sagt Michael Konsel. Er ist ein erklärter Fan der italienischen Küche, spätestens, seit er 1997 zur AS Roma wechselte. „Meine Frau hat vorher gar nicht gern gekocht, aber in Italien hat sie es bei einer Nachbarin von uns gelernt." Da steht er also in genau der richtigen Küche. Das „Fabios" ist seit der Rückkehr des früheren Küchenchefs Christoph Brunnhuber wieder ein eindeutig italienisches Restaurant. Praktisch mit dem Tag seiner Eröffnung war es stets Wiens schickstes Lokal, mit einer unerhörten Häufung von prominenten Gästen, die hier immer noch gern ein Gesichtsbad nehmen. Die Küchenlinie wechselte gelegentlich, das Publikum blieb immer treu.

MICHAEL KONSEL

(* 6. März 1962 in Wien) spielte als Fußballer 43 Länderspiele für das österreichische Nationalteam und nahm an den WM-Endrunden 1990 und 1998 teil. Konsel spielt seit seinem sechsten Lebensjahr Fußball, seit seinem neunten auch als Tormann, die Position, die er seine gesamte Fußballkarriere eingenommen hat. Zu seinen größten Erfolgen zählt die Auszeichnung als bester Tormann der Liga, zu dem er von AS Roma (wo er ab 1997 spielte) in der italienischen Serie A gleich in seiner ersten Saison gewählt wurde.

Auch „Miki" Konsel is(s)t gelegentlich im Fabios, aber kochen tut er hier zum ersten Mal. Nicht allzu routiniert, aber sehr sorgfältig verknetet er die Zutaten für den Mürbteig, aus dem später die Zitronentartes zubereitet werden. Und erzählt ganz nebenbei von seinem eigenen, zutiefst kulinarischen Projekt in seinem Wohnort. Es stellt sich heraus: Die Rapid-Legende ist Bauer geworden. „Ja, Nebenerwerbslandwirt. Ich hab vor zwei Jahren mit Ribiseln angefangen. Die haben in Kritzendorf eine große Tradition. Irgendwann haben alle damit aufgehört und ich fang jetzt wieder damit an." In seinem Garten vermutlich, fragen wir. „Na ja, 800 Pflanzen sind nicht so wenig." Das Staunen ist groß.

Das muss der „Panther" näher erklären. Also:
„Ich hab neun Reihen à 100 Meter, davon sind vier Reihen mit Schwarzen Ribiseln besetzt. Ich hab wirklich damit angefangen, weil das in der Gegend immer so wichtig war. Im Ortsmuseum ist das genau dokumentiert. Man muss sich vorstellen: Überall, wo jetzt Wein steht, waren früher Ribiseln. Die sind mit dem Schiff nach Wien transportiert worden, auf den Naschmarkt zum Beispiel, in ganz großem Stil. Damals war auch der Ribiselwein noch sehr populär. Ich mach auch ein bisschen Wein, aber hauptsächlich Saft. Mit dem bin ich aufgewachsen, vor allem mit dem schwarzen, weil der so gesund ist." Und was ist mit einer eigenen Marke? „Die wird kommen, ja. Ich mach das zusammen mit der

> „Überall, wo jetzt Wein steht, waren früher Ribiseln. Die sind mit dem Schiff nach Wien transportiert worden.“
>
> MICHI KONSEL

Weinbauschule Klosterneuburg, die schulen mich ein. Ich hab's einmal gepflanzt, ich mulche und zupfe aus, das ist schon Arbeit. Deshalb haben ja so viele aufgehört.“ Wie ist die Tradition überhaupt entstanden? „Das war im 19. Jahrhundert. Da, wo jetzt wieder Wein wächst, war er auch damals. Dann ist die Reblaus gekommen (Anm.: Mitte des 19. Jh.s brach die Reblaus über ganz Europa herein und vernichtete fast den ganzen Weinbestand. Erfolgreich bekämpft wurde sie durch das Anpflanzen amerikanischer Weinstöcke, die gegen den Schädling resistent waren. Auf sie pfropfte man die heimischen Rebsorten auf und konnte sie damit erhalten.) und alles wurde auf Ribiseln umgestellt.“ Also Ribiselwein statt richtigem Wein: „Meine Eltern haben ein Sommerhaus in Kritzendorf gehabt, ich bin so halb dort aufgewachsen und wollte das halt nicht aussterben lassen. Und jetzt wird's wahrscheinlich einen Panther-Ribiselwein geben.“ Wir sind jetzt schon gespannt.

Das Kochen schreitet unterdessen voran, der Teig ist ausgerollt, ausgestochen und vorgebacken. Der Hobbylandwirt muss Eiklar mit Zucker und ein paar anderen Zutaten verrühren und mit einer Butter-Zitronen-Masse vermengen, er fragt angesichts des verlockenden Anblicks: „Freuts euch schon?“ Alle nicken, auch die, für die nichts mehr übrig sein wird, also die Mehrheit. Die Mürbteigtörtchen werden befüllt. Dann schlägt Chef Brunnhuber Eiweiß und Staubzucker zu Schnee steif, dressiert ihn mit einem Spritzsack auf die Törtchen und Michi Konsel darf ihn mit einem Bunsenbrenner flämmen.

CHRISTOPH BRUNNHUBER

(* 10. Juni 1973 in Traunfeld, einem kleinen Dorf im Bezirk Mistelbach im Weinviertel) absolvierte seine Lehre im Hotel Intercontinental in Wien und durchlief danach Stationen im „The Breakers Hotel Palm Beach“ in Florida, in den „Drei Husaren“ in Wien und im Restaurant „Steirereck“ ebenda. Nach seinem Jahr im Restaurant „Pfefferschiff“ in Salzburg war Brunnhuber acht Jahre lang im Wiener Restaurant „Fabios“ tätig, wo er nach einem weiteren Jahr im Restaurant „Artner“ nun seit 2013 wieder kocht.

Pesce al brodo

4 Portionen

2 kg Hummerkarkassen / 1 l Fischfond / 2 Zwiebeln / 3 Karotten / 2 Gelbe Rüben / 1 Fenchelknolle / 1 St. Stangensellerie / ½ St. Lauch / ½ l Weißwein / 4 cl Pernod / 4 cl Noilly Prat / 4 cl weißer Portwein / 2 cl Weinbrand / 2 EL Tomatenmark / 1 St. Sternanis / 5 Pfefferkörner / 3 Wacholderbeeren / 2 Lorbeerblätter / 1 EL Fenchelsamen / 10 Safranfäden; weiters 16 St. Vongole / 16 St. Miesmuscheln / 100 g gekochter Oktopus / 4 Wolfsbarschfilets à 30 g / 4 St. Calamari, geviertelt / 4 Garnelen, ausgelöst / 10 geschälte, getrocknete Kirschtomaten / Basilikum, Salz, Olivenöl / 1 Zitrone

Die Hummerkarkassen im Ofen bei 180 °C ca. 15 Min. rösten. In der Zwischenzeit das Gemüse grob schneiden und in einem breiten Topf langsam in etwas Olivenöl anrösten. Das Tomatenmark zum Gemüse geben und kurz mitrösten. Mit dem Weinbrand ablöschen und flambieren. Die gerösteten Hummerkarkassen dazugeben und mit Weißwein, Pernod und Noilly Prat aufgießen. Die Flüssigkeit reduzieren und mit dem Fischfond auffüllen. Die Gewürze dazugeben und ca. 2 ½ Stunden leicht köcheln lassen. Bei Bedarf mit Salz abschmecken. Den fertigen Hummerfond durch ein feines Sieb passieren. In einem Topf Olivenöl erhitzen. Die Muscheln dazugeben und anschwitzen. Nebenbei die Fischfilets, Calamari, Garnelen und den Oktopus in einer Pfanne in etwas Olivenöl braten. Den Hummerfond zu den Muscheln gießen und so lange köcheln, bis sich die Muscheln öffnen. Gegebenenfalls mit Salz, Zitrone und Olivenöl abschmecken. Tomaten und Basilikum zum Schluss dazugeben. Die Muscheln mit reichlich Sud in tiefen Tellern anrichten und mit den gebratenen Meeresfrüchten servieren.

Weintipp: kräftiger Weißburgunder oder Chardonnay

Brasato di agnello con verdure ratatouille

4 Portionen

Brasato

1 Milchlammschulter, ausgelöst / 5 Karotten / 5 Gelbe Rüben / 1 Knollensellerie / 1 St. Stangensellerie / 5 Tomaten / 2 EL Tomatenmark / 6 weiße Zwiebeln / ½ l Weißwein / 3 Lorbeerblätter / 5 Wacholderbeeren / 10 schwarze Pfefferkörner / ½ Zimtstange / 1 EL Senfkörner / 5 Pimentkörner / 1 Muskatblüte / Salz, Olivenöl / 1 EL Ras el-Hanout (marokkanische Gewürzmischung) / 1 l Lammfond

Ratatouillegemüse

2 Melanzani / 2 Zucchini, grün / 2 Zucchini, gelb / 1 Paprika, rot / 1 Paprika, gelb / 1 Knoblauchzehe, in Scheiben geschnitten / 1 EL Pinienkerne, geröstet / frischer Rosmarin- und Thymianzweig / 1 EL Rosinen / Salz, Pfeffer

Polenta

½ l Milch / ½ l Geflügelfond / 125 g Butter / 1 Lorbeerblatt / 5 schwarze Pfefferkörner / 3 Pimentkörner / frischer Rosmarin / frischer Thymian / 50 g Parmesan / 170 g Polenta, weiß

Die Lammschulter mit Salz und Pfeffer würzen. In einem breiten Topf in etwas Olivenöl beidseitig anbraten. Die Schulter aus dem Topf nehmen und die in Viertel geschnittenen Zwiebelstücke langsam darin rösten. Das restliche Gemüse grob zusammenschneiden. Karotten, Gelben Rüben und Knollensellerie dazugeben und mitrösten. Zuletzt die Tomaten und den Stangensellerie dazu. Das Tomatenmark einrühren, kurz mitrösten und mit Weißwein ablöschen. Danach alle Gewürze beigeben und mit dem Lammfond aufgießen. Die Lammschulter wieder einlegen und zugedeckt im Ofen bei 160 °C je nach Größe 1 bis 1 ½ Stunden schmoren. Die Schulter aus dem Schmorsaft nehmen und warm stellen. Den Fond durch ein Sieb passieren und wenn nötig noch etwas reduzieren.

Paprika schälen und in 1 cm große Würfel schneiden. Das restliche Gemüse ebenfalls in gleich große Würfel schneiden und alles nacheinander in einer Pfanne mit wenig Olivenöl anschwitzen. Mit Salz und Pfeffer abschmecken sowie Thymian und Rosmarin untermischen. Mit etwas Tomatensauce verfeinern und die gerösteten Pinienkerne und Rosinen untermischen.

Die Milch mit Geflügelfond und Butter aufkochen. Die Gewürze in ein Teesieb geben und mitkochen. Das Polentamehl langsam mit einem Schneebesen einrühren und auf kleiner Flamme 1 ½ Stunden leicht quellen lassen. Am Schluss mit Parmesan verfeinern. Die Lammschulter in Scheiben schneiden und mit dem Schmorsaft auf dem Ratatouille anrichten.

Die cremige Polenta an der Seite servieren.

Weintipp: kräftige Rotweincuvée (CS, ME)

Zitronentarte mit Beeren

4 Portionen

Mürbteig

200 g Mehl / 50 g Dotter / 70 g Kristallzucker / 90 g Butter / Salz

Zitronencreme

175 ml Zitronensaft / 125 g Butter / 125 g Dotter / 75 g Eiweiß / 90 g Kristallzucker / 1 Blatt Gelatine / 1 Msp. Zitronett / 1 EL Vanillezucker

Baisermasse

100 g Eiweiß / 100 g Kristall-, 100 g Staubzucker / gemischte Beeren

Für den Mürbteig das Mehl mit dem Zucker, der klein geschnittenen Butter und einer Prise Salz vermischen. Die Dotter dazugeben und alles rasch zu einem glatten Teig kneten. In eine Klarsichtfolie einschlagen und eine halbe Stunde rasten lassen. Den Teig dünn ausrollen und kleine Tarteformen damit auslegen. Bei 180 °C goldbraun backen und auskühlen lassen.

Butter mit Zitronensaft aufkochen. Das Eiweiß mit Zucker, Vanillezucker, Zitronett und Dotter verrühren und in die noch heiße Butter-Zitronen-Masse einrühren. Die in kaltem Wasser eingeweichte Gelatine unterrühren.

Nun die Zitronenmasse in den gebackenen Mürbteig gießen und kalt stellen. Kristallzucker mit dem Eiweiß und dem Staubzucker steif schlagen. Mit einem Dressiersack die Eiweißmasse aufspritzen und mit dem Bunsenbrenner flämmen.

Auf Tellern anrichten und mit den gemischten Beeren servieren.

Weintipp: Grüner Veltliner Auslese

Zitronentarte mit Beeren

UNSER ERFO

man nehme:

... Sportpersönlichkeiten, füge außergewöhnliche Bilder hinzu und reichere diese mit top recherchierten Hintergrundstories an!

... Topstories über Spitzensportlerinnen, vermische diese mit einem Mix aus Service- und Lifestyle Stories und füge umsetzbare Expertentipps hinzu.

LGSREZEPT

… aktuelles Sportgeschehen, mixe dieses mit Insiderwissen und den besten Analysen.

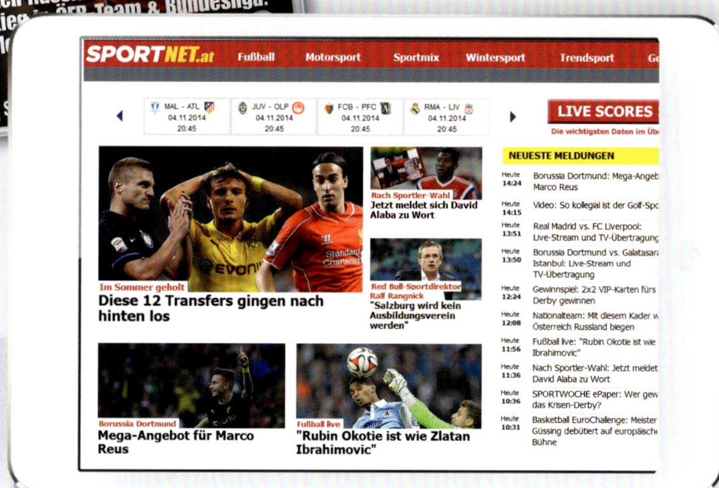

Wenn's schnell gehen muss: Insider-News, Sportneuigkeiten und Analysen vermengen und live servieren!

Alle Infos zu unseren Magazinen finden Sie unter:
www.magazinshop.at und auf www.sportnet.at

Wir leben SPORT

Bewegung und Ernährung sind wichtige Bestandteile eines gesunden Lebensstils. Österreichs Spitzenathleten sind Vorbilder für Jung und Alt, bieten eine Motivationsgrundlage für viele Hobbysportler und sind ein Ansporn für unsere Jugend, sich aktiv zu betätigen.

Durch unser Engagement und gemeinsam mit der Österreichischen Sporthilfe wollen wir zu mehr Bewegung motivieren und mit unseren hochwertigen Produkten auch die Grundlage für Höchstleistungen schaffen.

Irene Ströck
Geschäftsführerin Ströck GmbH
www.stroeck.at

Ein gesunder Geist im gesunden Menschen

Bewusste Ernährung und sportliche Betätigung sind die Grundlagen für Gesundheit und Zufriedenheit, mit Sport fördern wir

auch die geistige Leistungsfähigkeit. Unsere Nahrung ist der Treibstoff für unseren Körper; nur mit hochwertigem Kraftstoff kann ein Mensch Höchstleistungen erbringen. Daher freuen wir uns über dieses Projekt der Sporthilfe, das diese Säule der Gesundheit in Form von köstlichen Gerichten aus der Feder der besten Köchinnen und Köche unseres Landes unterstützt.

Mag. Claudius Neumayr
Geschäftsführer Segafredo Zanetti Austria GesmbH
www.segafredo.at

Sport & Ernährung

Ausreichend Bewegung und eine gesunde Ernährung sind untrennbar miteinander verbunden und die Eckpfeiler für ein langes, vitales Leben. Doch für eine gesunde Ernährung bedarf es auch hochwertiger Lebensmittel. *Zurück zum Ursprung* ist davon überzeugt, dass diese nur aus einer nachhaltigen Herstellung unter Berücksichtigung eines respekt-

vollen und fairen Umgangs mit Mensch, Tier und Umwelt entstehen können.

Bio-Pionier Werner Lampert
www.zurueckzumursprung.at
www.wernerlampert.com

Statements

Talent zum Genuss!

Gemeinsam mit den großen Athleten und berühmten Köchen unseres Landes an einem Buch zu arbeiten, das auf bestem Papier gedruckt und mit tollen, opulenten Fotos ausgestattet ist, gehört sicher zu den reizvollsten Aufgaben unserer Redakteure und Grafiker.

Wir durften unter den Sportlern zahlreiche Genießer und Kenner ausmachen, die alle mit großem Talent zum Genuss und teilweise erstaunlicher handwerklicher Kompetenz aufwarten konnten. Es war uns erneut eine Freude, mit der Sporthilfe dieses schöne Projekt umzusetzen.

Christoph Loidl
Geschäftsführer der Styria Multi Media Men GmbH & Co KG
www.styria-multi-media.com

Sport – die Würze des Lebens

So wie wir mit unseren Produkten ein ernährungsbewusstes Essen fördern, bedeuten auch Bewegung und Sport einen wichtigen Bestandteil für ein gesundes Leben.
Die Hilfestellung der Österreichischen Sporthilfe für den Spitzensport mit dem Ergebnis zahlreicher Sportidole motiviert viele

Menschen dazu, eine Sportart zu betreiben, so einen großen Beitrag für ihre eigene Gesundheit zu leisten und somit das Sozialsystem zu unterstützen. Wir gratulieren zum Kochbuch!

Mag. Erwin Kotányi
Geschäftsführer KOTÁNYI GmbH
www.kotanyigourmet.com
www.kotanyi.com

Sport und Kulinarik – aber bitte in Spitzenqualität!

Meine größte Bewunderung gilt Sportlern, die sich auch durch schwere Schicksalsschläge nicht davon abhalten lassen, Spitzenleistungen zu erbringen. Dass

sich auch Roman Rabl, der erfolgreiche Athlet der ÖSV-Alpin-Behindertensport-Nationalmannschaft und Iglo-Partner, kulinarisch auf höchstem Niveau versucht, begrüße ich sehr! Nach dem Motto „Iss was Gscheit's!" darf ich Ihnen zu diesem besonderen Kochbuch gratulieren!

Dr. Rainer Herrmann
Geschäftsführer Iglo Österreich
www.iglo.at

Statements

Mit dem „richtigen“ Druck zum Erfolg

Sportliche Wettbewerbe ohne Leistungsdruck sind leider selten. So freut es uns umso mehr, mit der Produktion dieses Kochbuchs ein wenig Druck abnehmen zu können, und wir gratulieren zu diesem tollen Projekt.

Gerade im Leistungssport spielt Ernährung für den Erfolg oder Misserfolg eine unumstrittene Rolle, denn eine gesunde und ausgewogene Ernährung ist die Grundvoraussetzung für körperliche Leistungsfähigkeit.
Wir wünschen viel Erfolg!

Ing. Michael Braun
Geschäftsführer
www.gerin.co.at

GERIN
Echte Druckqualität seit 1871

Auf einer Ebene

Es hat mich sehr beeindruckt, dass es die Österreichische Sporthilfe schafft, mit nur wenigen Mitarbeitern so viele Sportler zu betreuen.

Aber auch die soziale Kompetenz dieses Vereins ist unübersehbar. Mit der Unterstützung der Versehrtensportler trägt er enorm zur Akzeptanz in der Öffentlichkeit bei.
Damit lässt sich erahnen, was für eine unglaubliche Leistung nötig sein muss, sein Leben wieder in die Hand zu nehmen und über Grenzen zu gehen, die sie vor dem Unfall oder der Krankheit wahrscheinlich bis auf ein paar Ausnahmen nie gegangen wären.

Johann Altschachl
Kräuterproduzent
www.altschachl-kraeuter.at

altschachl
KRÄUTER

Es lebe die Frische!

Wir alle wissen, dass Obst und Gemüse wichtige Bausteine in der Sportlerernährung bilden. Zusätzlich benötigen zielstrebige und talentierte Sportler auch eine gute Betreuung und Unter-

stützung, um die richtigen Rahmenbedingungen für eine erfolgreiche Sportkarriere zu besitzen. Meiner Meinung nach finden Sportler bei der Österreichischen Sporthilfe hierfür eine ideale Anlaufstelle. Daher freuen wir uns auch heuer sehr, die Österreichische Sporthilfe und ihre SportlerInnen zu unterstützen!

Christa Wiegert
Geschäftsführerin
Wiegert Obst Gemüse Convenience
www.wiegert.at

ES LEBE DIE FRISCHE!
Wiegert

Ein Frischekick für den Körper

WIEGERT – der dynamische Frischekick

Die Firma Wiegert ist ein Wiener Familienunternehmen, das sich auf die Herstellung von Frische Convenience auf dem Obst- und Gemüsesektor spezialisiert hat. Das umfangreiche Sortiment erstreckt sich von klassischer Rohware über geschnittene Obst-, Gemüse- und Salatmischungen, frisch gepresste Fruchtsäfte bis hin zu marinierten Salaten. Mit diesem breit gefächerten Angebot werden der Einzelhandel, die Gastronomie und Systemgastronomie sowie Cateringunternehmen versorgt.

Wiegert gilt als Verfechter der Frische und hat sich in den letzten Jahren zahlreiche Kompetenzen und Erfahrungen in der Produktion und dem Handling von Frischeartikeln angeeignet. Partnerschaftliche Beziehungen mit den Lieferanten, gekoppelt mit modernen Verarbeitungstechnologien und optimierten Logistikprozessen, machen es möglich, gesunde und qualitativ hochwertige Produkte zu produzieren. Dabei spielen Schnelligkeit in Abläufen, Innovationen und Nachhaltigkeit eine wesentliche Rolle.

Obst und Gemüse vertritt ein sehr positives Image und spielt für die menschliche Ernährung und auch für eine ideale Nährstoffversorgung eine wesentliche Rolle. Daher ist es auch für erfolgreiche Sportler essenziell, diese Komponenten ausreichend in ihre Ernährung zu integrieren. Vitamine, Mineralstoffe und sekundäre Pflanzenstoffe sorgen dafür, dass Sportler dynamisch und spritzig sind. Neben intensivem Training, Durchhaltevermögen und einer ordentlichen Portion Talent spielen Obst und Gemüse eine wesentliche Rolle für sportliche Erfolge.

Sportler und der Convenience-Hersteller teilen zahlreiche Eigenschaften, die aktiv im österreichischen Familienbetrieb gelebt werden.

Umso mehr freut sich die Firma Wiegert, spritzige, motivierte und talentierte Sportler ganz nach dem Motto *„Es lebe die Frische!"* zu unterstützen.

Statements

Logistik und Sport gehören zusammen!

Müller Transporte trägt täglich zum reibungslosen Ablauf im Wirtschaftsleben und zur Verfügbarkeit von Waren bei. Dabei sind im Transportwesen – wie im Sport – Erfolge nur mit

professioneller Logistik und Planung möglich. Darum steht Müller Transporte auch der Österreichischen Sporthilfe als verlässlicher Partner zur Verfügung und unterstützt die Entstehung dieses Kochbuchs.

Fritz Müller
Geschäftsführer Müller Transporte
www.muellertransporte.at

MÜLLER
TOPQUALITY TRANSPORT

Mit Sicherheit zum Erfolg

Ich freue mich, die Österreichische Sporthilfe mit diesem tollen Kochbuch wieder zu unterstützen. Sportliche Betätigung und eine gesunde, bewusste Ernährung spielen eine wichtige Rolle in

meinem Leben, sowohl in der Familie als auch in meinem Unternehmen.
Besonders am Herzen liegt mir die Förderung des Jugend- und Behindertensports. Durch das nachhaltige Engagement der Österreichischen Sporthilfe ist es mir möglich, Spitzensportler auf ihrem Karriereweg zu begleiten. Ich wünsche der Österreichischen Sporthilfe weiterhin alles Gute und viel Erfolg!

Harald Thurner
Geschäftsführer/Inhaber
SecurityAccess GmbH
www.security-access.at

SecurityAccess
Alarm | Video | Zutritt

Der Mensch im Mittelpunkt

Kochen fördert die Gemeinschaft, schafft Emotionen und Vertrauen. Gerade bei Sportevents nimmt die Kulinarik einen hohen Stellenwert ein und die Sporthilfe hat dabei unsere volle Unterstützung in Form von Equipment, hohem persönlichem Einsatz und viel Herz.
Verlässlichkeit, Leistungsbereitschaft und der Mensch im Mittel-

punkt – dieses Credo verbindet Lohberger und die Österreichische Sporthilfe.

Reinhard Hanusch
Geschäftsführer Lohberger Küchen Competence Center
www.lohberger.com

LOHBERGER®

Mayday Bar

Restaurant Ikarus

Outdoor Lounge

Hangar-7 Flugzeugmuseum

Küche als Basis gesunder Ernährung

Gerade für Spitzensportler spielt die richtige und gesunde Ernährung eine wichtige Rolle, um herausragende Leistungen zu erbringen. Als österreichischer Hersteller von Qualitätsküchen

legen wir besonderen Wert auf die Verwendung hochwertiger Materialien, die mit innovativer Funktionalität das Kochen und die Zubereitung erstklassiger Produkte auf angenehme Art und Weise erleichtern. Wir freuen uns, dass wir eine Kooperation mit der Österreichischen Sporthilfe eingehen konnten, und wünschen der Sporthilfe und ihren Athletinnen und Athleten weiterhin alles Gute und viel Erfolg!

Christian Rösler
Geschäftsführer ewe Küchen GmbH
www.ewe.at

ewe
... und nicht irgendeine Küche

Immer am Ball

Das Herz des Vienna Marriott Hotel schlägt nicht nur für unsere Gäste und deren Wohlbefinden. Wir engagieren uns seit Jahrzehnten im Bereich der Sportförderung und sind als

Partner eng mit österreichischen Sportorganisationen verbunden. Nun freut es uns, mit diesem Kochbuch Inspirationen für genussvolle Rezepte zu geben, die wertvolle Energie für sportliche Leistungen liefern.

Dieter Fenz
General Manager Vienna Marriott Hotel
www.viennamarriott.at

MARRIOTT
VIENNA

Echte Lebensmittel in herrlicher Natur

Sport und ausgewogene Ernährung spielten schon in meinem Elternhaus eine große Rolle. Da mein Vater über vier Jahrzehnte seiner Profilaufbahn als Motorsportler ein glühender Jünger von Willi Dungl war, kam auch der Rest der Familie in den Genuss von selbst geschrotetem Getreide,

eigens gezogenen Sojakeimlingen. Diese Zeit hat mich stark geprägt und war letztendlich ausschlaggebend für meine eigene Sportleidenschaft und die Verwirklichung eines Herzenswunsches: meiner Bio-Fischzucht im Mariazellerland. Ernährung mit Echtheitsgarantie ist eben wesentlich und verbindet uns mit der Österreichischen Sporthilfe.

Alexander Quester
Eigentümer Questers Feines GmbH
www.questers.at

QUESTERS®
FEINE FISCHE
MARIAZELL

Aus Leidenschaft für Ernährung und Sport

Spitzenernährung sorgt für Spitzenleistungen, so auch beim Sportnachwuchs. SanLucar steht für hochwertige Früchte aus den Gärten dieser Welt und

aus heimischem Anbau. Davon profitieren auch die Leistungssportler von morgen. Als langjähriger Partner der Sporthilfe unterstützt SanLucar den Nachwuchs auf seinem Weg nach ganz oben an die Spitze der Sportelite.

Alexander Thaller
Geschäftsführer SanLucar Österreich
www.sanlucar.at

Genießen und sich wohlfühlen mit PULS 4!

Als dynamisches Bewegtbildhaus versuchen wir, die Zuseherinnen und Zuseher über TV und digitalen Weg mit „Koch mit! Oliver", unserem eigenen

Café-Puls-Fitnesscoach Roman Daucher und vielen sportlich saisonalen Aktionen zu mehr ausgewogener Ernährung, mehr Bewegung und somit zu mehr Lebensqualität zu animieren.

Dr. Michael Stix
Geschäftsführung
ProSiebenSat.1 PULS 4
www.puls4.com

Manner mag man eben!

Auch heuer setzen wir wieder große Hoffnungen in unser Manner Skisprung Team aus Österreich, Deutschland und Polen. Wie der Sporthilfe ist auch uns eine langfristige und persönliche Zusammenarbeit wichtig.
Bei den Produkten aus unserem Haus, die ausschließlich in Österreich produziert werden,

kann man auf höchste Qualität und beste Rohstoffe vertrauen. Mit der Manner Vollkornschnitte oder den Vollkornlebkuchen bieten wir für die ernährungsbewussten Sportler einen zusätzlichen Vorteil.

Dr. Alfred Schrott
Vorstand Marketing und Vertrieb
Josef Manner & Comp. AG
www.manner.com

SanLucar

PULS 4

Manner

2010 wurde unser Lokal Hannersberg am gleichnamigen Weinberg direkt am Tor zur Weinidylle Südburgenland eröffnet. Vor allem Brautpaare, aber auch Unternehmen aus ganz Österreich schätzen die Atmosphäre und die unbeschränkten Möglichkeiten auf mehr als 6.000m².

Ob Architektur, Interieur oder Speisekarte: Unser Stil ist modern, geradlinig und klar – und lässt der Region und der Tradition dennoch ihren Raum. Auch die Küche spiegelt unser Motto „Wir geben der Tradition neuen Schwung" wider. Bodenständig, ideenreich, modern interpretiert.

Ob Firmenfeier, Seminar, Präsentation oder privates Fest: Wir unterstützen unsere Gäste professionell, ideenreich, mit viel Erfahrung und Herz bei der Planung ihrer Feste.

Feiern@Hannersberg.at | 0660 689 37 90

Hannersberg

www.Hochzeitsberg.at

Fotos: Fabian David Anderle, Lexi, Leadersnet, emotionfoto, Andi Bruckner

IHR DIREKTER KONTAKT ZU UNS:

Österreichische Sporthilfe
Rennweg 46–50 / Top 12, 1030 Wien
Telefon: +43 /1/799 40 80-0, Fax: +43/1/799 40 99
E-Mail: office@sporthilfe.at
Website: www.sporthilfe.at

Herausgegeben von der Österreichischen Sporthilfe

Fotos: GEPA Pictures, Matthias Berlisg, Christoph Fehrle
Food-Fotografie: Thomas Apolt
Studiokoch: Meinrad Neunkirchner

Autoren: Verena Eissner-Eissenstein (S. 40, 70), Fred Fettner (S. 88, 118, 132), Doris Maier (S. 34, 50, 56, 100, 106), Andreas Oberndorfer (Making-of sowie S. 22, 28, 64, 76, 112, 124, 140), Werner Ringhofer (S. 82), Silvia Trippolt-Madersbacher (S. 94)

Projektleitung Sporthilfe: Matthias Berlisg
Sporthilfe-Team: Rastislav Pomsahar, Christoph Fehrle, Barbara Leitner, Barbara Dimmy

Projektleitung Styria Multi Media Men: Christoph Loidl

Chefredaktion: Andreas Oberndorfer
Chefin vom Dienst: Lisa Vesely

Grafisches Konzept: José Coll / B.A.C.K. Grafik und Multimedia GmbH
Artdirection: Eva Kählig / B.A.C.K. Grafik und Multimedia GmbH

Lektorat: Rupert Höttinger
Lithografie: Erika Lachner

Produktionsleitung: Philipp Foltin
Produktion: Styria Multi Media Men GmbH & Co KG, 1110 Wien
Druck: PAUL GERIN GmbH & Co KG, 2120 Wolkersdorf

ISBN: 978-3-9503593-7-4

Personenbezogene Bezeichnungen wie z. B. Sportler, Athleten oder Köche
umfassen das männliche und weibliche Geschlecht gleichermaßen.